Mike Bates

DER
LAZARUS
EFFEKT

Wie Gott das Unmögliche tat

Deutsche Übersetzung © 2024
Mike Bates
Alle Rechte vorbehalten.

king2come

Pferdemarkt 1
D – 31737 Rinteln
Fon (05751) 7019 229
info@king2come.de
www.king2come.de

1, Auflage, August 2024
ISBN 978-3-98602-071-2

Foto von Mike & Wencke Bates: © tabitaschierphotography

Die Bibelzitate sind in der Regel der Revidierten Elberfelder Bibel,
R. Brockhaus Verlag Wuppertal, entnommen.
Folgende weiteren Bibelübersetzungen kamen zum Einsatz
(im Text jeweils mit den Kürzeln in den Klammern gekennzeichnet):

- Hoffnung für alle* (HFA): Copyright © 1983, 1996, 2002, 2015
  by Biblica, Inc.*, Brunnen Verlag, Basel, Gießen.
- Luther Bibel, 2017 (Luther): *Die Bibel nach der Übersetzung Martin Luthers,*
  revidierte Fassung, Deutsche Bibelgesellschaft, Stuttgart 2016.
- Schlachter 2000 (Schlachter): Copyright © 2000 Genfer Bibelgesellschaft

Inhalt

Widmung

Dieses Buch widme ich Dir, Jesus dem Lamm
– dem einzig wahren und würdigen Opfer.
Ein Blick in Deine Augen
hat mein Herz für immer verändert.

Mike Bates

Für meinen Vater.
Danke für deine Gebete.

Einführung

Schon als kleiner Junge besaß Mike ein ausgeprägtes „inneres Ohr", um Gottes Stimme und Sein Reden wahrzunehmen. Bis heute hat Mike sich dies bewahrt und er spricht direkt mit seinem himmlischen Vater. Selbst als Mike als junger Mann längere Zeit in Rebellion gegen Gott lebte, sprach Er Mike klar, deutlich vernehmbar und mitunter korrigierend an. Dieses Buch mag den einen oder anderen herausfordern, aber es ist unsere gemeinsame Geschichte. Mike berichtet, was er gesehen und erlebt hat, als er mehrfach hinter den Vorhang in die Ewigkeit schauen durfte. Und nicht nur das. Er durfte in die Augen seines Heilandes Jesus blicken. Bei dieser Geschichte geht es um Leben und Tod. Sie handelt von Visionen, Wundern und die Ewigkeit, die uns immer umgibt, welche wir im Alltag aber so oft nicht wahrnehmen. Mike und ich versuchen, das Erlebte so wiederzugeben, wie wir es erfahren haben und hoffen, viele Menschen damit zum Glauben und Vertrauen an Gott ermutigen zu können.

Alle Ehre Jesus, dem Lamm.

Wencke Bates
im Juli 2023

Wegen Lazarus kamen viele nach Betanien und glaubten an Jesus.

Nach Johannes 12:11

„Bei ihm erleben wir den Lazarus-Effekt", sagte eine Krankenschwester zu ihrer Kollegin. Und ich wusste sofort, was sie meinte: Ich war gestorben und zurückgekommen. Folgendes möchte ich den Leserinnen und Lesern mitteilen: Mehrmals war ich fort und lebte dann wieder. Jetzt weiß ich, was es heißt, mit einem Fuß hier und mit dem anderen dort zu stehen. Es ist sehr schwer zu beschreiben oder gar zu erklären. Mir fehlen bis heute dafür oft die Worte. Mein persönlicher „Lazarus-Effekt" erstreckte sich über fünf Wochen. In dieser Zeit riss mich Gott aus der Todesgefahr und brachte mich wieder ins Leben, ich sah Jesu Augen und erlebte Sein gnädiges Eingreifen. Ich bete, dass du nach dem Lesen dieses Buches dazu ermutigt bist, dein Leben auf dieser Seite des Vorhangs voller Mut und Hingabe in Abhängigkeit von Jesus zu verbringen.

Mike Bates

1

Es geschah an einem Donnerstag

Denn er hat seinen Engeln befohlen, dass sie dich behüten auf allen deinen Wegen. Psalm 91:11 (Luther)

Ich befand mich in der Praxis meiner Hausärztin, wo man nur „zur Sicherheit" gerade ein EKG vorgenommen hatte. Eigentlich wollte ich nur eine Überweisung zum Krankengymnasten abholen. In den vergangenen Tagen war ich wegen starker Schulterschmerzen und Unwohlsein einmal in der Notaufnahme und einmal beim Orthopäden gewesen. Beide Male wurde mir Krankengymnastik empfohlen. Die Sorgenfalte der Hausärztin nahm ich nicht in gleicher Weise wahr wie Wencke, meine Frau. Ich nahm immer noch an, alles sei mit mir in Ordnung. Als ich aus dem kleinen Fenster schaute und einen Rettungswagen sah, dachte ich: „Jemand muss hier sehr krank sein." Mir war immer noch nicht klar, wie dringend ich Hilfe brauchte. Wenige Sekunden später waren die Sanitäter bei mir und brachten mich umgehend in den Rettungswagen. An diesem Julimorgen war es sehr heiß. Ich lächelte Wencke noch einmal zu. Dann schloss sich die Tür ...

AUF LEBEN UND TOD – DIE ANKÜNDIGUNG DER HERAUSFORDERUNG

Wie groß ist deine Güte, die du bereithältst denen, die dich fürchten, die du denen erweist, die sich bei dir bergen vor den Menschenkindern. Psalm 31:20 (Elberfelder Übersetzung)

Am 30. Juli 2020 erhielt ich die Diagnose, dass ich einen massiven Herzinfarkt erlitten hatte. Dadurch bestand mein Herz zu 74 Prozent nur noch aus einer Narbenmasse. Es handelte sich um 74 Prozent abgestorbenem Gewebe, das ohne medizinische Hilfe oder ein Wunder nicht mehr belebt werden könnte. Eigentlich wollte ich meine Geschichte erst aufschreiben, wenn ich wieder zu 100 Prozent gesund bin. Und doch ist mir in jenem Sommer etwas widerfahren, das ich gern mit anderen teilen möchte. Während meiner Zeit auf der Intensiv-Station wandelte ich zwischen zwei Dimensionen. Ich hörte Engel singen und Menschen beten, obwohl diese nicht vor Ort waren, wurde Zeuge eines Sprachwunders ähnlich wie in der Apostelgeschichte, war mehrfach tot und kam wieder ins Leben zurück und konnte ein ganz kleines bisschen in den Himmel schauen und meine Verwandten sehen. Doch im Zentrum von alledem steht für mich folgende offene Vision:

Ich durfte Jesus in die Augen schauen. Schon jetzt weiß ich, dass ich ein lebendes Wunder bin. Einmal sagte mir ein Arzt: „Ich bin mir sicher, Sie waren mindestens zwei Mal tot." Für mich ist es nicht selbstverständlich, dass ich an jenem Tag die Fahrt zum Krankenhaus erleben und überleben durfte. Was ich hier erzähle, geschah im Sommer 2020. In diesem Jahr erzitterte die ganze Welt. Nichts schien mehr normal. Unsere Welt wurde komplett auf den Kopf gestellt. Das Covid 19 Virus setzte sich auf den Thron des Geschehens. Wir erfuhren von den Auswirkungen einer Pandemie mit vielen Toten. Eine große Welle an Furcht, Schrecken und Durcheinander machte sich breit. Menschenleben waren betroffen, aber auch Firmen und Geschäfte. Viele verloren plötzlich ihre Arbeit und ihr Einkommen – oder waren zum Nichtstun verurteilt. Für meine Generation setzte eine so nie gekannte Gefühlsinflation ein, denn Angst und Unsicherheit erdrückten uns in ihrer Faust. Sie umschloss alles und jeden, derer sie habhaft werden konnte.

Dann – es war wohl in der zweiten Juli Woche – geschah etwas in meiner Gebetszeit. Ich hörte den Herrn zu mir sagen: „Es ist Zeit, in den Kampf zu ziehen. Es ist Krieg. Ich gebe dir, Mike, die Erlaubnis, meinen Thronsaal zu stürmen. Jetzt ist die Zeit, in der beharrliches Gebet aufsteigen darf und soll. Aufdringlich und hartnäckig." Vielleicht denkt der Leser jetzt, so wie ich damals: Auf meine Frau und mich komme eine finanzielle Herausforderung zu und Gott habe sie uns angekündigt. Ich wollte zunächst das Gehörte nicht mit Wencke teilen. Ich bewegte es einige Tage in meinem Herzen. Aber, es war klar und deutlich. Es war sehr wichtig ihr zu erzählen, was ich gehört hatte. Auch sie musste darüber Bescheid wissen und was aus Gottes Sicht zu tun war – nämlich, dass wir beide die Erlaubnis bekommen hatten, den Thronsaal zu bestürmen. Sie musste in den Kampf im Glauben mit hineingenommen werden. Schon kurze Zeit später sollten wir erfahren, dass ich mit meiner Vermutung, es handle sich um eine finanzielle Krise, komplett falsch lag.

Der Juni 2020 in Deutschland war warm und trocken gewesen. An solchen Tagen stehe ich gern so früh wie möglich auf – am liebsten noch vor 5 Uhr morgens – und spiele eine Runde Golf. Denn ich komme aus Texas – und da spielt jeder, der möchte, einfach Golf. Ich spiele leidenschaftlich gern Golf! Doch in diesem Jahr sah ich ein inneres, sich öfter wiederholendes Bild. In meinen Gedanken lief es immer nach demselben folgenden Schema ab: Ich war im Begriff, früh am Morgen Golf zu spielen. Doch dann „sah" ich mich jedes Mal auf den Boden fallen – und das Golfcart rollte einfach ohne mich weiter. Ich war tot – aufgrund eines Herzinfarktes. Dieser hatte mich mitten im Lauf ereilt. Ich ignorierte diese Signale und erzählte auch meiner Frau nichts davon.

Einmal ging ich mit meiner Frau in unserem Dorf spazieren. Plötzlich spürte ich einen fürchterlichen Schmerz im Schulter- und Rückenbereich. Ein Schmerz, der mich fast zu Boden drückte. Doch er verging so schnell wie er gekommen war und ich dachte mir nichts dabei. Am darauffolgenden Wochenende fuhren wir zwei Stunden mit dem Auto, um dem Wunsch von Freunden nach einer Wassertaufe in einem See nachzukommen. Alles war in Ordnung, doch als wir uns noch etwa 10-15 Minuten von ihrem Haus entfernt befanden, spürte ich erneut diesen fürchterlichen Schmerz. Ich hatte Mühe bis zur Tür zu kommen. Meine Frau begann sofort laut zu beten und meine Freunde gaben mir einen Elektro Schock Patch, der meinen Schulter-Muskel stimulierte. Ich ließ ihn für eine Stunde mit voller Kraft laufen. Hat diese Maschine in dem Moment mein Leben gerettet? Oder war es das Gebet? Ich weiß es nicht. Doch manchmal frage ich mich das. Wir entschieden uns, zum See zu gehen. Dabei lag immer noch das Elektro-Patch auf dem Schulter-Muskel. Ich nahm es ab, taufte das Ehepaar und ging danach in meiner nassen Kleidung über den sandigen Untergrund nach oben. Ich hatte Mühe, Luft zu bekommen. Wir wechselten die Kleidung und ich fühlte mich etwas besser. Anschließend fuhren wir als fröhliche Taufgemeinschaft etwa 30 Minuten zu einem Restaurant, feierten und saßen noch bis abends mit unseren Freunden zusammen. Unsere Freundin kann prima Haare schneiden. Ich weiß noch, dass sie mir spontan einen Haarschnitt verpasste! Als wir nach Hause fuhren, fühlte ich mich weiterhin ganz normal und schob meine Schwäche auf eine Muskelverkrampfung im Schulterbereich oder einen eingeklemmten Nerv.

Aber am darauffolgenden Sonntag fühlte ich mich sehr schwach und krank. Der Schmerz kehrte zurück und ich hatte Atemschwierigkeiten. In der Annahme, Flüssigkeit helfe immer, gab mir meine Frau ausreichend Wasser zu trinken. Rückblickend fanden wir heraus, in meinen Fall hatte dies den Körper nur noch mehr belastet und das Herz geschwächt. Mein Körper konnte nicht mehr mit so viel Flüssigkeit umgehen. Immer wieder versuchte ich die eine oder andere Schmerzentlastung. Ich lag mit dem Rücken auf einer Faszienrolle und rollte damit auf und ab. Diese Massage linderte etwas den Schmerz, doch später war auch dies erfolglos. Nachmittags entschieden wir uns zur Fahrt in die Notaufnahme. Die Ärztin nahm an, es würde sich um eine Schulterverspannung handeln. Ich bekam eine Spritze gegen die Schmerzen und wurde nach Hause geschickt. Wir wussten nicht, dass eine meiner Koronar-Arterien komplett verstopft war. Mein Herz wurde nicht mehr genügend mit Sauerstoff versorgt. Es vernarbte sich und Muskelzellen begannen zu sterben.

In den nächsten Tagen wurde es immer schlimmer. In unserer Not fuhren wir am Mittwoch aufs Geratewohl, ohne einen Termin zu einem Orthopäden. Hier schob man mich dazwischen, weil man mir meine Schmerzen ansah. Auch dieser Arzt diagnostizierte einen eingeklemmten Nerv oder eine Muskelverspannung, renkte mich ein und gab mir ein Rezept für ein Schmerzmittel. Er riet mir, so schnell wie möglich einen Termin beim Krankengymnasten zu vereinbaren.

Das war der besagte Donnerstag, als wir zum Hausarzt für eine Krankengymnasten-Überweisung fuhren. Erst wollte meine Frau allein fahren, entschied sich dann aber doch mich mitzunehmen. Als ich die wenigen Stufen zur Praxis hochging, sagte Wencke: „Du läufst wie ein 90jähriger alter Mann." Eine junge Assistenzärztin nahm sich unserer an, die sich später als Christin herausstellte. Sie reichte uns die Überweisung und wollte uns nach Hause schicken. Dann sagte sie aber etwas besorgt: „Ich würde gern zur Sicherheit noch ein EKG machen." Auch da ahnten wir nicht, dass ich eigentlich nur noch sehr wenig Zeit hatte. Es schien, als ob es sich nur um Minuten handelte. Mit den Sensoren auf meinem Körper lag ich auf dem Untersuchungstisch und sah aus dem Augenwinkel Wencke, unsere Hausärztin und die Assistenzärztin. Sie standen im Flur, vor dem Untersuchungszimmer. Ich verstand nur, dass die Ärztin „gut" sagte. Zu dem Zeitpunkt interpretierte ich das „gut" damit, dass es mir so weit gut geht und zeigte ihnen noch „Daumen hoch". Doch mit dem „gut" war gemeint, dass die junge Ärztin mit dem EKG eine gute Entscheidung getroffen hatte. Und dann kam der Moment, an dem ich aus dem kleinen Fenster blickte. Da stand schon der Rettungswagen. Ich lag auf dem Tisch und dachte: „Hier muss sich jemand in einem schlimmen Zustand befinden." Es brauchte noch ein paar Momente, bis es schließlich auch bei mir angekommen war: Der Rettungswagen war wegen mir gekommen. Die Sirenen wurden angeschaltet und hörten nicht mehr auf. Da schoss mir ein Gedanke durch den Sinn: „Herr, es muss schlimm um mich stehen! Irgendetwas stimmt nicht." Die Sirene heulte unbarmherzig weiter und garantiert überquerten wir rote Ampeln. Mit durchdringendem Sirenenlärm flogen wir durch die Straßenschluchten zum Krankenhaus. Ich kannte solche Szenen bis dahin nur aus Filmen. Da stellen sie den Patienten auch immer wieder dieselben Fragen: „Wie heißen Sie?" „Wie geht es ihnen?" „Welcher Tag ist heute"? „Es ist Donnerstag", und ich wusste, sie wollten nicht riskieren, dass ich einschlafe.

2

Vom Rettungswagen
direkt auf den Operationstisch

Keine Pause und kein Warten. Im Krankenhaus kam ich vom Rettungswagen direkt auf den OP-Tisch. Während mir der Chirurg die drei Stents legte, ließ er mich nicht schlafen. Der Arzt sprach mit mir: „Eine Ader ist komplett verstopft." Während der Operation war ich abgelenkt: Ich durfte mein Herz beobachten: Ich sah schwarzweiß-Bilder auf einem Monitor. „Wie lange dauert es, bis ich wieder der Alte bin?" Die etwas ausweichende Antwort lautete: *„Ich kenne Patienten, die waren nach sechs Wochen wieder zurück in ihrem alten Leben."* Nicht in meinem Fall: Sechs Wochen – das war allein die Zeit, die ich anschließend auf der Intensivstation verbrachte. Ich schaute der OP zu und konnte mein Herz schlagen sehen. Es war deutlich, dass meine Herzkranz-Arterie komplett verstopft war. Sie sah aus wie ein Knoten. Offensichtlich war sie über einen längeren Zeitraum verstopft gewesen, was einen Infarkt ausgelöst hatte. Die Ärzte lösten die Blockade in letzter Sekunde, was sie sehr gut machten. Schon da war ich nur Minuten von der Ewigkeit entfernt. Das erste Wunder Gottes bestand darin, dass ich lebend im Krankenhaus ankam, wo die Ärzte mir helfen konnten.

Nach der Operation wird man normalerweise für ein bis zwei Tage auf die Intensivstation verlegt. Nicht länger. Also dachte ich, ich liege hier nur, um mich von der Operation zu erholen. Die Ärztin erklärte meiner Frau, ich hätte einen massiven Herzinfarkt erlitten. Weil dieser einige Tage nicht erkannt wurde, erschwerte es das Ganze. Mit ein bis zwei Tagen auf der Intensiv-Station war es also in meinem Fall nicht getan; viele Bettnachbarn kamen und gingen und es war Coronazeit. Besuche auf der Intensivstation waren nicht möglich, und wenn, dann nur mit Sondergenehmigung.

3

Es war ein Donnerstag

Wencke Bates: Der Tag aus meiner Perspektive ...

Der Dieb kommt nur, um zu stehlen und zu schlachten und zu verberben ...
Johannes 10:10

„Wenn er es schaffen soll, dann schafft er es!" Diese Worte meiner Hausärztin klangen wie Blei in meinen Ohren. Minuten zuvor hatte man meinen Mann Mike mit der Diagnose *Herzinfarkt* in den Krankenwagen geschoben – und mir weggenommen. Ich machte mir Vorwürfe. Herzinfarkt. Wie konnte ich das in den vergangenen Tagen nicht mitbekommen haben?! Lebensbedrohlich. Verzweifelt ließ ich mich auf einen Hocker bei den netten Arzthelferinnen fallen. Sie versuchten alles, um mich zu trösten. Ich dachte: „So krank sah er doch gar nicht aus. Noch am Wochenende waren wir unterwegs. Mike hat in einem See zwei Erwachsene getauft. Wir liefen doch gemeinsam den ganzen Weg zum See und haben im Anschluss die Taufe gefeiert ... und jetzt Herzinfarkt." Ich rief Freunde an und sie brachten mich nach Hause in unsere Wohnung. Hier ist alles wie zuvor. Und gleichzeitig ist nichts mehr so, wie es war. Mikes Bibel, seine Kleider, die zerknautschte Sofadecke. Beim kläglichen Versuch, meine Gedanken zu sammeln hörte ich laut – nicht mit meinen Ohren – doch tief in meinem Innern das Bibelwort: *Der Dieb kommt nur, um zu stehlen und zu schlachten und zu verderben* (Johannes 10:10). Noch heute erinnere ich mich lebhaft an die Intensität dieses Wortes. Es

schenkte in dem Moment Orientierung. Dieser Vers stellte sich dem Strudel meiner Gedanken massiv entgegen.

DAS GESCHENK DER KLARHEIT

Auch half dieses Bibelwort einer einfachen und zugleich kraftvollen Wahrheit sich in meinem Geist Platz zu verschaffen. Klarheit! Überzeugung! In dieser Sekunde konnte ich alles zuordnen. Ich wusste, wer hier Feind und wer Freund war. Der Feind ist die Krankheit. Mein Mann wurde mir weggerissen, gestohlen. Und ich im Innern erkannte ich den Freund: Meinen Freund. Der Freund des Lebens, meines Lebens, und der Freund von Mike und der unseres gemeinsamen Lebens als Eheleute. Jesus ist das Leben in Person. Der Feind gibt sich dadurch zu erkennen, dass er raubt, tötet und Verderben bringt. Aber, es geht ja noch weiter … Jesus sagt von sich, Er sei gekommen, um das Leben und volle Genüge zu bringen.

Während dieser Augenblicke erlebte ich, dass die Wahrheit oft gar nicht kompliziert ist. Gottes Wort ist klar und wahr. Trotzig hielt ich mich also an diesem Vers fest: Der Dieb bringt Tod und Zerstörung; Jesus bringt Leben und volle Genüge. Gleichzeitig stellte sich etwas in mir auf. Nennen wir es Kampfgeist. Und schon wenige Minuten danach war ich in der Lage, Familie, Freunde und Gemeinde über unsere Not und Mikes Situation zu informieren. Meine eindringliche Bitte und tiefer Wunsch waren das Gebet dieser Menschen, um sich mit uns in unserer Not an Jesus unseren Freund und Heiland zu wenden. Den Liebhaber des Lebens.

Im Chaos meiner Überlegungen vergaß ich meine Freundin Joyce in Kenia zu informieren. Joyce ist die Ehefrau von Pastor Paul, den ich vor vielen Jahren in einer Bibelschule kennengelernt hatte. Joyce habe ich schon immer für ihren Glauben und Gebetseifer bewundert. Einige Tage nach Mikes Einlieferung ins Krankenhaus informierte ich sie per WhatsApp. Ihre Antwort kam sofort. In den letzten drei Tagen sei sie von Jesus zum Fasten und Beten aufgefordert worden. Sie hatte wahrgenommen, dass es sich bei dem Anliegen um einen Kampf handelte, den Jesus allerdings schon gewonnen hatte.

Gott hatte also schon seine Agenten positioniert. Er rief Seine Fürbitter in Position, auch und gerade da, als ich zu schwach zum Beten war oder sogar vergessen hatte, einige Freunde zu informieren. Gott sorgt vor. Mike erhielt viel Gebet aus der ganzen Welt. Und durch seine Familie und unsere Gemeinde in den USA konnte ich auch wegen der Zeitverschiebung zu jeder Tages- und Nachtzeit Freunde und Verwandte telefonisch erreichen. Hier hatte Gott ebenfalls vorgesorgt: Einer oder eine war immer wach.

Wann konnte ich Mike wohl zum ersten Mal besuchen? Die Ärztin sagte mir nach der OP, er habe einen sehr schweren Herzinfarkt erlitten, der viel zu spät erst behandelt wurde. Meine Gedanken kreisten ... Wird er Folgeschäden haben und behindert sein? Wie ist es um seine geistliche und seelische Verfassung bestellt? Wird er mich erkennen?

4

Die Gebetsnacht

Er rettet und befreit, er vollbringt Zeichen und Wunder, sowohl im Himmel als auch auf der Erde. Daniel 6:28 (Hoffnung für Alle)

Ich schlief viel. Mal war ich voll da, mal nicht. Ich vermute, das war der Schock, den mein Körper, mein inneres System verkraften musste. Mein Bett stand neben einem großen Fenster, durch das ich auf einen Baum blickte. Obwohl das Zimmer dieser Intensiv-Station klimatisiert war, konnte ich spüren, wie ungewöhnlich heiß es draußen sein musste. Tatsächlich erlebten wir einen sehr heißen Sommer! Ich war Gott dankbar für die Klimaanlage.

Am darauffolgenden Samstag durfte mich meine Frau Wencke zum ersten Mal besuchen. Statt nur per Telefon konnte sie nun auch persönlich einen Arzt sprechen. Sie sorgte sich, ob mein Gehirn noch funktionierte. Aber als ich ihr sagte, welche Mülltonne am Montag geleert werden müsste, war sie zutiefst erleichtert. Da sich meine Aussage als richtig erwies, dachte sie, Mike scheint noch der Alte zu sein und sich zeitlich orientieren zu können.

Ein freundlicher und einfühlsamer Arzt informierte meine Frau zufrieden darüber, dass sich in der Nacht zuvor meine Herzleistung signifikant gesteigert hatte, obwohl es zuvor sehr kritisch aussah. Meine Frau erzählte ihm von den Gebeten vieler Menschen überall auf der Welt in der vergangenen Nacht. Denn viele Christen, sowohl in Deutschland als auch in den USA, traten für mich im Gebet ein. Mein bester Freund Holger durchwachte die ganze Nacht. Später hörte ich von Manu und Hermann, die beide zugleich aufwachten und gemeinsam Zeit für mich im Gebet verbrachten. Gott hatte konkret und sehr persönlich Menschen beauftragt, intensiv in dieser Nacht für mich zu beten. Denn meine Frau war durch den Schock nicht in der Lage gewesen, an alle ihr bekannten Beter zu denken. Wencke versuchte hartnäckig, mich jeden Tag zu besuchen. Doch wegen der herrschenden Corona-Bestimmungen gelang es nicht immer. Dass ich als Intensiv-Patient überhaupt Besuch bekommen durfte, lag wohl auch an meinem sehr kritischen Zustand. Zudem wurde immer angedeutet, Besuch sei gut für meinen Genesungsprozess.

„UNTER WASSER ATMENDE LUNGEN"

Mir ist noch sehr bewusst, dass ich Wasser nicht in den Mengen trinken durfte, wie ich wollte. Mein Herz war noch nicht in der Verfassung, das Wasser wieder aus meinem Körper heraus zu pumpen. Meine Wasserflasche wurde genau markiert, um mein tägliches Quantum zu kontrollieren. Einmal gab es ein schweres Missverständnis, als mir meine Frau zu viel Orangensaft brachte. Es war gefährlich, weil mein Körper es nicht vertrug und meine Lungen es nicht leisten konnten.

Mein treuer Begleiter war eine kleine Isolierflasche, die mir Wencke in besseren Tagen geschenkt hatte. Auf ihr stand: „For Lungs That Breathe Under Water" (Für Lungen, die unter Wasser atmen). In Absprache mit den Ärzten konnte meine Frau diese mir liebgewordene Flasche immer wieder mit einigen Eiswürfeln füllen und mitbringen. Selbst die in den Eiswürfeln enthaltende Wassermenge wurde sehr genau gemessen, damit mein Tagespensum an Flüssigkeit nicht überschritten wurde. Entsprechend weniger Mineralwasser stand mir dann zum Trinken zur Verfügung. Während dieser Tage konnte ich nicht aufstehen. Lange Tage. So komisch es klingen mag, aber diese Eiswürfel waren für mich extrem wichtig. Ein Trost und ein klein wenig Entlastung.

Eine besondere Schwester hatte immer Wochenenddienst. Diese Dame war vielleicht etwas älter als ich und sehr umsichtig. Ich hatte das Verlangen, zu trinken, doch die Ärzte entzogen alles Flüssige meiner Reichweite. Die fürsorgliche Schwester schaute immer wieder nach mir und ich sagte: „Ich will Wackelpudding". Etwas anderes wollte ich nicht essen. Nur „Wackelpudding". In der ersten Zeit wurde meinem Wunsch stattgegeben. Doch dann gab man mir sehr deutlich zu verstehen: „Wenn Sie jemals wieder diese Station verlassen möchten, dann braucht ihr Körper Kraft". Daraufhin versuchte ich dem Personal zu erklären, dass ich nichts Festes essen wollte. Auf keinen Fall wollte ich die Krankenhauskost.

Ich war einfach nur durstig und bekam schlecht Luft. Einige Tage später kam mir der Gedanke: Wenn ich jemals wieder hier rauskomme, werde ich verschiedene Sorten Wasser ausprobieren. Ich will sie testen wie kostbare Weine. Jedes auffindbare Mineralwasser würde ich ausgiebig kosten und probieren.

Mit Sicherheit war ich in diesen Tagen unhöflich, unverschämt und kein leichter Patient. Ich vermisste meine Privatsphäre. In einem Krankenhaus zu liegen und ans Bett gefesselt zu sein, fiel mir schwer. Als Kind mussten meine Eltern nur sehr selten mit mir zum Arzt gehen. Wir waren kaum krank. Als Berufstätiger habe ich zwar in meinen Papieren einen Hausarzt angegeben, doch persönlich kannte ich ihn nicht. Es ergab sich einfach keine Gelegenheit, ihn aufzusuchen. Ich kannte mich nur als gesund und besuchte lediglich hin und wieder den Zahnarzt. Bekannte, die im Krankenhaus gewesen waren, berichteten über das dortige Essen. In meiner Vorstellung war das nichts, was ich freiwillig essen würde. Meine Gedanken kreisten weiter ausschließlich um Wasser und um Durst.

5

Im Tal der Totengebeine

Wencke Bates

Siehe, der Hüter Israels schläft noch schlummert nicht.

Psalm 121:4 (Luther)

In der Nacht von Mittwoch auf Donnerstag, also, dem Tag, bevor Mike ins Krankenhaus kam, wurde ich gegen zwei Uhr morgens wach. Mike atmete seltsam und ich spürte, dass es ihm trotz der verabreichten Schmerzmittel und einer Spritze nicht gut ging. Beunruhigt stand ich auf und ging in Mikes Büro. Zu dieser Uhrzeit konnte ich Freunde in Kalifornien erreichen. In einem kurzen Telefonat schilderte ich unsere Situation und wir beteten gemeinsam. Anschließend legte ich auf.

Weil ich nicht wieder entspannt zurück ins Bett gehen konnte, sprach ich weiter mit Gott; ich war wirklich in Not. Mike so zu erleben, war komplett ungewöhnlich. Er war eigentlich nie krank oder schwächlich gewesen. Als ich mit Gott redete, suchte ich auch Trost in Seinem Wort. Nicht immer ist es weise, bei einer Not aufs geradewohl eine Bibelstelle aufzuschlagen, in meiner Situation tat ich es dennoch. Prompt landete ich in Hesekiel 37, im Tal der Totengebeine. Dieses Kapitel ist zwar sehr dramatisch, hatte auf mich aber immer schon auch eine positive und kraftvolle Wirkung ausgeübt. Plötzlich spürte ich, wie Gott mir folgenden Auftrag gab: „Sprich zu den unmöglichen und leidvollen Umständen".

Ich ging in Mikes kleinem Büro auf und ab und nannte die Krankheit beim Namen, obwohl ich nicht wusste, was es war.

Ich benannte das Problem, die Schwäche, seine Schmerzen, unsere Hilflosigkeit und die Tatsache, dass es in den letzten Tagen gesundheitlich einfach nicht besser mit ihm wurde. Ich sprach meine Sorge und meine Angst um ihn an und alles, was ich zu diesem Zeitpunkt als „tote Gebeine" um mich herum empfand. Nach einer Weile ging ich wieder zu Mikes aufgeschlagener Bibel zurück. Dort fiel mein Blick auf die benachbarte Textspalte, auf die Passage, die dem „Tal der Totengebeine" gegenüber liegt. Hier hatte Mike schon vor einigen Jahren den bekannten Vers unterstrichen:

Und ich werde euch ein neues Herz geben und einen neuen Geist in euer Inneres geben; und ich werde das steinerne Herz aus eurem Fleisch wegnehmen und euch ein fleischernes Herz geben.

Hesekiel 36:26

Ein schöner Vers, den Mike unterstrichen hatte. Doch auch da dämmerte mir noch nicht, dass Mike in diesem Moment unter einem lebensbedrohlichen Herzinfarkt litt, schon bald Herzversagen dazu kommen würde, und er ganz praktisch ein „neues Herz" bedürfen würde.

Wenn dir dein Liebstes von jetzt auf gleich fortgerissen wird, befindest du dich in einem ganz eigenartigen Zustand. Du fühlst dich allein, hilflos und außen vor; abgeschnitten vom wirklich wichtigen Geschehen. Ich war so dankbar dafür, die Nähe Jesu in diesen Tagen so deutlich erleben zu dürfen. Auch, wenn ich allein in der Wohnung war, fühlte ich mich nie allein. Täglich kämpfte ich am Telefon, um Einlass ins Krankenhaus zu bekommen, obwohl Besuch auf der Intensiv-Station in diesen Wochen per se verboten war. Die Sehnsucht wuchs. Ich hatte ein großes Bedürfnis, Mike so oft es ging zu besuchen, um in seiner Nähe zu sein und mit Mike gemeinsam zu beten.

Einmal war es fast unmöglich, ihm einen Krümel vom Abendmahlsbrot und ein Schlückchen Saft zu geben. Dennoch haben wir immer versucht, das Abendmahl zu feiern.

Eine der Fahrten zum Krankenhaus werde ich sicher nie vergessen. In diesen Tagen hörte ich immer dieselbe CD. Sie wurde uns von einer Gemeinde geschenkt, in der wir kurz vor dem Herzinfarkt gepredigt hatten. Die Lieder und die Texte besaßen Kraft. Sie lenkten meine Gedanken auf das Wesentliche: Auf Mikes Besserung, auf Hoffnung, Heilung und Leben. Doch bei dieser einen besagten Autofahrt regte sich in mir gar nichts Positives.

Ich war voller Panik. Angst hatte mich ergriffen, dass ich am Ende zu spät im Krankenhaus ankommen würde. Ich stand an einer roten Ampel in der Innenstadt. Hier wartete ich auf grün und stammelte in einer Endlos-Schleife folgendes „Gebet": „Bitte, bitte, bitte – lass Mike noch da sein, wenn ich komme. Bitte, Gott." Es war der ehrliche Ausdruck meiner Panik und Verzweiflung. Und das ist in Ordnung. Wir dürfen vor Gott ehrlich sein. Umso mehr überraschte mich die dann vernommene Antwort. Sie war so deutlich wie eine innere Stimme. Ganz sicher hatten meine Gedanken in der Situation eine ganz andere Sprache gesprochen, somit kam dieser Gedanke also garantiert nicht von mir.

Bestimmt und liebevoll vernahm ich Gottes Stimme, wie Er sagte: „Ich will noch viel mehr als du, dass Mike gesund wird." Das ging so schnell und meine ehrliche und spontane Antwort lautete: „Gut, dann sind wir ja schon zwei". In diesem Dialog gab es keine Sekunde des Nachdenkens. Keinen Zweifel. Noch heute berührt es mich, wie Gott mir mit diesem Satz die Gelegenheit gab, in Sein Herz zu schauen! Ich bin zutiefst davon überzeugt, dass Er diese Herzenseinstellung jedem Menschen gegenüber hat. Gott will noch viel mehr als wir, dass die Menschen heil sind.

DER LAZARUS-EFFEKT

In das Herz des Menschen hat er den Wunsch gelegt, nach dem zu fragen, was ewig ist. Prediger 3:11 (Hoffnung für Alle)

Gern möchte ich jetzt über die folgenden zwei Tage berichten. Wieder gab es bei den Krankenschwestern einen Schichtwechsel. Dabei hörte ich gut verständlich, wie eine Schwester der anderen meinen Zustand beschrieb: „Bei ihm erleben wir den Lazarus-Effekt". Und ich wusste sofort, ich war gestorben und zurückgekehrt.

Folgendes möchte ich gerne weitergeben: Während dieser Wochen gab es Zeiten, da war ich weg, und dann war ich wieder lebendig. Ich weiß jetzt, was es heißt, mit einem Fuß hier und mit dem anderen dort zu sein. Das ist wirklich schwer zu beschreiben oder gar zu erklären. Und mir fehlen bis heute die Worte dafür.

Ich habe mich gefragt: Gibt es jenseits dieses Lebens so etwas wie Zeit? Ich weiß es nicht. Allerdings weiß ich sicher, dass Zeit, wenn es sie gibt, in einer ganz anderen Form erlebt und gefühlt wird wie hier auf der Erde.

Aus medizinischer Sicht ist schwer zu erklären, wie sich mein „Lazarus Effekt" über einen Zeitraum von fünf Wochen erstreckte. Man kam zu dem Schluss, mich nicht aus dem Krankenhaus zu entlassen, ohne meinem Herzen zuvor einen Defibrillator eingesetzt zu haben. Die Ärzte wollten damit sicherstellen, dass mein Herz nicht wieder aufhören würde zu schlagen. Und falls doch würde es durch den Defibrillator Hilfe bekommen und wieder zu schlagen beginnen.

SONNTAG

Während dieser Phase kann ich über den Faktor Zeit nicht viel sagen. Allerdings wusste ich immer, welchen Tag wir hatten. Und jetzt beschreibe ich den Sonntag nach dem besagten Donnerstag. Es wurde draußen dunkel und ich wusste, jetzt ist es 22 Uhr. Ansonsten fühlte es sich immer so an, als ob ich exakt im jetzigen Moment lebte. Folgendes Phänomen aus diesen Tagen möchte ich festhalten:

Ich befand mich in einem großen Patientenbereich einer sehr großen und weitläufigen Station. Deshalb ist es nicht verwunderlich, dass etwas im Gang vor meinem Zimmer Gesprochenes für mich nur schwer verständlich war. Neben meinem Zimmer lag ein weiteres Patientenzimmer und die Tür dazu stand immer offen. Manchmal hörte ich die Schwestern und Pfleger im Nachbarzimmer miteinander sprechen, aber nur ganz leise und von Ferne. Ich konnte auch inhaltlich nichts von der Unterhaltung verstehen.

Aber stellt euch vor: Da gab es wirklich diesen Zeitabschnitt, in dem ich *alles* hören konnte, was auf der Station gesprochen wurde - sogar solche Sätze, die viele Meter entfernt von mir gesagt wurden. Mein Hörvermögen war auf einmal über alle Maßen geschärft. Und merkwürdigerweise konnte ich sogar *inhaltlich verstehen*, was gesagt wurde. Selbst wenn auf deutsch gesprochen wurde. Ich hörte und verstand es wie in meiner Muttersprache. Das war wirklich cool! Es hat mich an die Apostelgeschichte erinnert. Ich hörte Deutsch und habe es im selben Moment auf Englisch verstanden. Wenn wir von hier fort und im Himmel sind, kann ich nicht sagen, ob wir dann alle *eine* Sprache sprechen. Gott liebt die Symphonie. Doch ich glaube ganz fest, dass es dort keine Sprachbarrieren und keine Missverständnisse mehr geben wird.

Diese Erfahrung hatte ein Momentum. Das hielt nur an diesem einen Tag an. Wie lange genau? Ich habe keine Ahnung. Vielleicht war es eine Stunde, vielleicht ein ganzer Tag. Wie ich schon sagte, dies ist schwer zu unterscheiden und einzuordnen. Erst einige Wochen später konnte ich endlich zum ersten Mal mein Bett verlassen und am Arm eines Pflegers ein paar Schritte den Gang entlang gehen. Jetzt erst konnte ich sehen, wo genau der Pausenraum der Abteilung war. Nämlich ziemlich weit entfernt, fernab jeder natürlichen Möglichkeit das dort Gesprochene zu hören!

Aber an diesem Sonntag konnte ich in meinem Bett die Schwestern wirklich hören: Ich hörte Gespräche aus dem Kontrollraum und aus dem Pausenraum der Intensivstation. Ich wunderte mich nur, warum die Schwestern miteinander englisch sprachen. Natürlich haben sie das nicht getan, es kam mir nur so vor, weil ich jedes Wort verstand. Einmal konnte ich einem Gottesdienst zuhören. Ich vernahm gelesene Bibelverse und Lobpreis-Lieder. Besonders Kinderstimmen kamen mir zu Ohren. Kinder und Erwachsene sangen gemeinsam. Einmal hörte ich die Stimmen der Kinder meiner engen Freunde und wie sie beteten. Ich war sehr erschrocken und rief zu Gott: „Vater, sie bringen die Kinder unserer Freunde zu mir auf die Station. Ich bin nicht angezogen und habe hier keine richtige Decke und zum Zudecken nur ein Laken." Die Kinderstimmen waren so dicht und real, dass mich der Gedanke entsetzte, die Kinder kämen zu Besuch und könnten mich in diesem entblößten Zustand sehen. Ich war beunruhigt und gedanklich aufgewühlt. Es fühlte sich an, als ob ich das Gebet immer und immer wieder sprach: „Vater, es sind Kinder und ich liege hier in diesem Zustand!"

Ich schreibe darüber, weil es so real für mich war. Ihre Stimmen und ihr Gesang waren ganz nah. Diese Menschen kannte und liebte ich und sie waren nicht im Raum. Heute glaube ich, dass die Familie genau in diesem Moment für mich gebetet hat, was sie auch getan haben. Einmal empfand ich, dass mein Freund und Vater der oben erwähnten Kinder (er ist Autor von Kinderbüchern) mir ein gerade fertig geschriebenes Kinderbuch am Bett vorlas. Ein anderes Mal konnte ich den Kinderchor einer Gemeinde in der Nähe vom Krankenhaus hören. Bei einem ihrer Besuche erzählte ich Wencke: „Stell dir vor, sie haben den Kinderchor hier ins Krankenhaus gebracht. Sie singen auf dem Gang für die Patienten." Ich war komplett davon überzeugt. Aber gleichzeitig wusste ich, dass besonders in Zeiten von Corona kein Kinderchor ins Krankenhaus kommen darf. Außerdem gab es gar keine Gottesdienste zu dieser Zeit im Krankenhaus – und erst recht nicht auf der Intensiv-Station.

In diesen Tagen stoppte mein Herz immer mal wieder und sprang erneut an. Heute glaube ich, für kurze Momente habe ich etwas aus der himmlischen Sphäre wahrgenommen. Und ich konnte Menschen für mich beten hören. Aber, es ist schwer, das mit Worten zu beschreiben.

MONTAG

Ich fühlte mich einfach nur schrecklich und hatte Schmerzen. Der Durst quälte mich, ich konnte nur sehr schwer atmen und nicht aus dem Bett aufstehen. Mir fehlte jegliche Kraft, ich wurde halbsitzend gelagert und musste auch so schlafen, da ich sonst keine Luft bekommen hätte.

6

Die Vision

Siehe, das ist Gottes Lamm, das der Welt Sünde trägt!

Johannes 1:29 (Luther)

Am 3. August lag ich immer noch auf der Intensiv-Station und dachte, nie mehr ein normales Leben führen zu können. Die ganze Situation wirkte auf mich hoffnungslos. Ich konnte nichts trinken, mich nicht bewegen, Luft zu bekommen war sehr anstrengend und ich hatte starke Schmerzen. Deshalb war mein einziger Wunsch zu sterben. Ich flehte Gott an und bettelte: „Bitte lass mich nach Hause kommen". Und doch sollte ich in Kürze etwas erleben, das ich mein persönliches „Jakobs-Erlebnis" nannte.

Bei diesem Ereignis rang ich persönlich mit Gott und es hat mein Leben komplett verändert. Ich konnte Gott sehr deutlich in meinem Geist hören. Seine Antwort lautete: „Not My will!" (übers. Nicht mein Wille). Anschließend wogte der Kampf mit dem Herrn über meinen und Seinen Willen eine Zeitlang hin und her. Dieser Dialog kam und ging und wahrscheinlich hat er den ganzen Morgen lang angedauert. Einmal wollte ich Gott sogar davon überzeugen, dass mich hier keiner braucht; noch nicht mal Wencke. Ich sagte zu Gott: „Wencke kommt auch ohne mich klar. Das hier ist ihr Land. Sie wird vielleicht für ein paar Wochen etwas traurig sein, aber es wird ihr dann wieder gut gehen." Daraufhin kam Seine Antwort: „Mike, das ist das Egoistischste, das ich jemals aus deinem Mund gehört habe." Und dann kam es wieder: „Mein Wille oder deiner?" Dieses

Streitgespräch endete schließlich, als Gott mir die Frage stellte: „Mike, so oft hast du sogar in zwei Sprachen gebetet „DEIN Reich komme, DEIN Wille geschehe" (Er meinte Das Vaterunser) Mike, war es dir jemals ernst mit diesem Gebet? Egal, in welcher Sprache du es gebetet hast?" Nach diesem ermahnenden Wort habe ich schließlich eingewilligt und meinen Willen dem Seinen untergeordnet.

Danach konnte mir Gott weitaus tiefere Zusammenhänge aufzeigen. Denn es ging um meinen inneren Menschen. Gott ging es um den tatsächlichen Zustand meines Herzens und das ging weit über ein krankes Organ hinaus. Gott begann mir etwas zu offenbaren, das ich bis dahin ignoriert hatte – genauso, wie den eigentlichen Infarkt.

Er sagte weiter: „Mike, ich weiß, du hast viel geopfert für deinen Dienst und, um an diesen Ort zu sein. Aber nicht du bist das Opfer."

Nach diesen Worten hat mich Gott etwas sehen lassen. Er sprach nicht nur sondern wirkte durch eine Vision, auf dass ich verstehen konnte, was wirklich mit meinem Leben passiert war. Seine Worte wurden zu lebendigen Bildern. Er öffnete mir die Augen und gab mir zwei Visionen. Solche Visionen hatte ich so noch nie zuvor in meinem Leben erfahren.

Alles geschah direkt vor meinen Augen, als wäre es tatsächlich hier an Ort und Stelle. Es war so real wie die Welt, die ich mit meinen natürlichen Augen sehen konnte, und dabei so echt, wie ich den Patienten im Nachbarbett, die mich versorgenden Schwestern und die Ärzte auf der Intensivstation erkennen konnte.

In dieser Vision befand ich mich in jener Geschichte, als Abraham seinen geliebten Sohn Isaak auf dem Altar opferte. Doch lag nicht Isaak auf einem Altar, sondern ich, und der Altar bestand aus langen schwarzen Dornen. Über mir ragte eine Figur, die wie die animierte Comic-Figur eines riesigen Mannes wirkte. Der Mann, also die Comic-Figur, hielt über seinem Kopf in beiden Händen ein zweischneidiges Schwert. Er wirkte auf mich wie ein älterer Mann, ungefähr drei bis fünf Meter groß, hatte langes weißes Haar und extrem starke Muskeln. Aus seinen Augen strömte Autorität. Mein erster Gedanke war: „Wow, Abraham war also im hohen Alter kein kleiner, schwächlicher Mann." Mir fiel auf, dass die Figur sich weigerte, das Schwert auf mich fallen zu lassen und mich zu töten. Als ein Prediger nahm ich bei diesem Anblick an: „Gott möchte also, dass ich, wenn ich wieder gesund bin, etwas über Abraham und Isaak predige." Doch es sollte noch so viel mehr in dieser Botschaft stecken ...

Wenige Tage später erhielt ich Stück für Stück die Deutung dieser Vision. Die Figur, die ich zunächst für Abraham hielt, war gar nicht dieser. Sie war eine Personifikation meines Gottesbildes zu jener Zeit: Nach meiner Auffassung war Gott uralt an Tagen, voller Weisheit, Kraft und Autorität, aber auch jederzeit bereit, im Zorn das Schwert auf mich herunter fahren zu lassen. Dennoch hatte sich die Figur geweigert, mich mit dem Schwert zu erschlagen.

Mit dieser Szene vor Augen und mich fragend, warum mich die Figur nicht erschlagen wollte, verstand ich auch aus der vorhergehenden „Unterhaltung", Gott wollte meinen Tod nicht. Aber ich begriff nicht, worum es eigentlich ging, bis die Kommunikation wieder begann.

Noch einmal hörte ich Gott sagen: „Mike, ich weiß, du hast viel geopfert, um nach Deutschland zu kommen. Du weißt auch, Ich habe dich an einen Ort gesandt, der im Vergleich zu anderen verhältnismäßig leicht und angenehm ist. Was du aufgegeben und geopfert hast, ist klein im Verhältnis zu anderen. Manche haben für die Verbreitung des Evangeliums viel mehr Entbehrungen in Kauf genommen und sogar ihr Leben gegeben. Aber weder du noch ein anderer ist würdig, DAS OPFER zu sein.

Nur ER ist es.

Bei Seinen Worten: „Nur Er ist es", drehte ich meinen Kopf nach links und sah eine Wand aus schwarzen Dornen, welche den ganzen Raum ausfüllte. Es waren dieselben Dornen, auf denen ich in der Vision lag. Als ich mir diese Dornen anschaute, sah ich ein kleines weißes Lamm. Es hatte seinen Kopf mit seinen Hörnern mit voller Absicht in diese Wand aus dicken, schwarzen Dornen gerammt. Sein Fell war so weiß, wie ich es noch nie gesehen habe. Das Weiß nahm meine Aufmerksamkeit komplett ein. Ich konnte meine Augen nicht von ihm abwenden. Das Lamm strahlte nur so von Makellosigkeit. Es besaß große braune Augen voller Liebe und Mitgefühl. Aus ihnen strömte Frieden. Beim Blick in seine Augen konnte ich all diese Eigenschaften sehen. Aber mehr noch; ich konnte sie bis zu dem Punkt spüren, dass ich sie in meiner Seele und in meinen Gefühlen erleben konnte. Augenblicklich und ohne nachzudenken wusste ich: Das Lamm war Jesus. Das Lamm Gottes hatte Sich aus freien Stücken in den Fluch begeben. Dieses Lamm sah mich an und drückte mir mit Seinem Blick aus, dass es Sich Selbst auf den Altar legen möchte. Genau an die Stelle, wo ich noch lag.

ICH SCHAUTE DEM LAMM DIREKT IN DIE AUGEN

Als mir das Lamm direkt in die Augen schaute, spürte ich einen unbeschreiblichen und nie zuvor erlebten Frieden. Seine Augen drückten Sein Mitgefühl und Seine Liebe aus. Ich fühlte, was es heißt, wenn Petrus von der Freude spricht, für die man keine Worte findet. Bis heute bin ich überzeugt davon, Worte allein können nicht beschreiben, was ich erleben durfte. Wie eloquent sich ein Mensch auch mit Worten auszudrücken vermag, so kann wahrscheinlich nicht einmal ein Dichter oder Poet eine passende Beschreibung finden für das, was ich sehen konnte.

Gottes Beweggründe sind allein auf meinen Vorteil ausgerichtet.

Ich sah, spürte und erlebte, dass es in Jesus, dem Lamm, kein Ego gab. Mir wurde deutlich, dass Er nicht selbstsüchtig ist, und ich empfand keinerlei Eigennutz. In diesem Moment wusste ich: Sein Ansinnen ist ernsthaft, ehrenhaft und zu Hundertprozent rein. Seine Aufmerksamkeit war auf mich gerichtet und Seine Absichten und Sein Interesse galten allein meinem Vorteil. Sein Herz hatte nur mein Bestes im Sinn und Sein Augenmerk lag auf meinem inneren Frieden. Er wollte und will, dass ich Freude empfinde und fröhlich bin. In diesem Blick wurde deutlich, Sein erklärter Wille war, mich zu segnen und mich zu heilen. Er möchte mich nicht unterdrücken oder bestrafen. Sein erster und ehrlicher Wunsch war es, bei mir zu sein und Gemeinschaft mit mir zu haben, jetzt, in diesem Moment und in alle Ewigkeit.

Vor allem habe ich an diesem Tag zweierlei mit allen Sinnen erfahren und ich lerne es weiterhin: Der Wunsch Jesu nach meiner (und unserer) Anbetung ist nicht egoistisch, sondern es liegt Ihm daran, mit mir innige Gemeinschaft zu haben. Meine Anbetung ist der Ort, der Raum und die Zeit, wo ich meine Liebe für Ihn ausdrücken kann, und Er Seine Liebe zu mir. In der Zeit, in der ich Ihn anbete, wohnt Er in meinem Lob. Dann verbreitet Er in mir Seine Freude, Seinen Frieden, Seine Kraft und Seine Heilung. Darum hasst es Satan so sehr, wenn Jesus angebetet wird (Psalm 22:4).

JESUS LIEBT UNS MEHR, ALS WIR UNS JEMALS AUSMALEN KÖNNTEN

Ein Zweites habe ich in dieser Begegnung erfahren dürfen und das liegt jenseits der Verstandes-Ebene.

39

Jesus liebt uns mehr, als wir uns jemals ausmalen oder in unseren kühnsten Träumen ausdenken könnten. Denke ich an diese Erfahrungen in meinem Krankenbett zurück, fällt mir immer wieder das Lied ein, das wir als Kinder in der Gemeinde gesungen haben: „Jesus liebt mich ganz gewiss, denn die Bibel sagt mir dies." Heute kenne ich diese Liebe nicht nur aus den gedruckten Worten der Bibel. Ich durfte diese Liebe sehen, fühlen und erleben. Ich durfte Seine bedingungslose Liebe spüren.

7

Die verzweifelte Bitte
in Seinen Augen

Denn der Menschensohn ist gekommen, zu suchen und selig zu machen, was verloren ist. Lukas 19:10 (Luther)

Obwohl Er kein Wort sagte, drückten Seine Augen die verzweifelte Bitte aus und sprachen Bände: Jesus wünschte Sich zutiefst, meinen Platz auf dem Dornenaltar einzunehmen. Damit dies geschehen konnte, musste ich Ihm meine Erlaubnis geben. Denn auf diesem Altar gab es keinen Platz für uns beide und meine freiwillige Entscheidung war erforderlich. Ohne meine Einwilligung wird und kann Er meinen Platz nicht einnehmen. Erinnern wir uns: In der Vision lag ich wie Isaak auf dem Altar. Und Jesus, das Lamm, wollte meinen Platz einnehmen.

Tage später lag ich immer noch im Bett und dachte ein weiteres Mal über die Vision nach. Wieder wurde ein Vorhang zur Seite geschoben und mir wurde mehr von dem offenbart, was ich geschaut hatte. Diesmal verstand ich, dass mir mit der Vision nicht nur die Liebe und das Mitgefühl von Jesus offenbart wurden - als ein wichtiger Teil. Doch als ein weiterer Teil spricht die Vision ganz deutlich über das vollbrachte Werk der Erlösung und von einem freiwilligen Tausch; einem - rein menschlich gesehenen - sehr unausgewogenen Austausch.

Würde ich Jesus erlauben, meinen Platz auf dem Altar einzunehmen, dann würde Er mich nicht nur von meiner Sünde befreien, damit ich die Ewigkeit im Himmel verbringen kann. Mehr noch, Er würde oder könnte mich dann auch von allem befreien, was dem Fluch der Sünde anhaftet. Dazu gehören auch meine Schmerzen und meine Krankheit. Das ist göttlicher Tausch!

Der Altar, auf dem ich lag, bestand aus Dornen. An keiner Stelle der Bibel lesen wir, dass Altäre aus Dornen gebaut sind. Dornen werden bestenfalls verbrannt und stehen für Schmerzen, Leiden und Not.

DIE KORREKTUR

Eventuell kann man nicht leicht verstehen, dass Gott eines Seiner Kinder in solch fragiler Situation korrigiert und zurechtweist. Ich kann schon die entsprechenden Antworten hören: Jesaja 42:3 – *„Ein geknicktes Rohr wird Er nicht brechen."* Auch besteht die Gefahr spontaner Reaktion aus einem religiösen Geist. Viele von uns kennen dies bzw. sind ihm schon begegnet. Dann wäre die Schlussfolgerung: Dieser Infarkt und der Angriff war eine Strafe. Aber ich kann aus tiefstem Herzen versichern: Beide Ansätze treffen nicht den Kern, beide stimmen nicht. Heute glaube ich, die Zeit nach dem Herzinfarkt im Krankenhaus war eine von Gott geschenkte Gelegenheit. In diesem Moment konnte Er unmissverständlich zu mir sprechen. Er hatte meine volle und ungeteilte Aufmerksamkeit. Keine Ablenkung hätte mich in dem Moment davon abhalten können, Seine Stimme zu hören.

Gottes Wort sagt:

Alle, die ich lieb habe, die überführe und züchtige ich.
Offenbarung 3:19 (Schlachter)

Ist jemand wahrhaftig ein Sohn, wird er vom Herrn korrigiert. Wenn Gott dich nicht bei Bedarf korrigieren kann, gehörst du nicht zu Ihm (Hebräer 12:5-11). Richtig verstanden sind Gottes Korrekturen eine Tat aus Liebe. Wir leben in einer Zeit und in einer Gesellschaft, in der ein Großteil nicht mehr mit Korrektur umzugehen weiß, oder sie gar wertschätzt. Unsere Zeit ist geprägt von Mangel an Respekt gegenüber Autoritäten und einer oft verdrehten Sicht auf die Definition von „Liebe". Ich erlebte Gottes Korrektur und nicht Seinen Zorn oder Seine Strafe. Korrektur ist völlig anders als Gericht. Gericht beinhaltet eine Entscheidung, die dann auch umgesetzt werden muss. Dies ist Verdammnis, Gewalt, Strafe, eben ein Urteil. Es kann daraus resultieren, wenn zuvor keine Korrektur erfolgte oder die Korrektur ignoriert wurde.

EIN DORN „SIEHT" ALLES UND JEDEN ALS DORNEN

Korrektur bedeutet ebenfalls Disziplin, Warnung und Unterweisung. Durch Korrektur bleibe ich beschützt. Sie erfolgt auf einer Beziehungsebene. Gericht resultiert aus einem Beziehungsmangel oder einer zerbrochenen Beziehung. Es ist an uns, eine Korrektur anzunehmen oder abzulehnen (vgl. Sprüche 3:12 & Offenbarung 3:19).

Hätte ich so weitergemacht und im Herzen auf meinem Dornen-Altar verweilt, hätte ich weiterhin alles als ungerecht empfunden. Denn, wenn wir selbst wie ein Dorn sind, dann entspringt alles, was wir sehen, predigen, prophezeien einer Dornenwurzel (alte Wunden, Schmerzen, Verletzungen, Gift). Deshalb ist unsere Heilung so wichtig, wir müssen von diesen Altlasten freigesetzt sein, damit wir lieben und leben können. Anderenfalls sind meine Einschätzungen ungerecht, verzerrt und schlichtweg verkehrt. Folglich hätte ich jeden und alles um mich herum als „verflucht" und voller Dornen angesehen.

EIN PAAR WORTE ZUM ALTAR

Ich möchte an dieser Stelle noch etwas näher auf die Eigenschaften eines Altars eingehen, damit das später Mitgeteilte Sinn ergibt.

Ein Altar ist ein Ort, an dem geopfert wird. Hier steigt Lobpreis auf, hier begegnet man Gott. Es kommt zu einer Herzensverbindung und Gemeinschaft. An diesem Ort lebt man durch und im Glauben. Hier drückt man sein Vertrauen und seine Hingabe aus.

Ein vom Herrn annehmbares Opfer sollte Seinen Vorstellungen entsprechen. Aus 2. Mose 20:25 können wir erkennen, dass ein Opfer-Altar nicht aus Steinen errichtet werden sollte, die von Menschenhänden bearbeitet wurden. In anderen Worten: Menschliche Anstrengungen können keinen Altar bereiten, der für ein annehmbares Opfer sorgt. Menschliches Tun und Bemühen bringt indirekt zum Ausdruck, wir könnten uns etwas verdienen oder Gott sei uns etwas schuldig.

Warum opfert man? Der Zweck eines Opfers, bzw. das Töten eines Opfers auf einem Altar soll dazu dienen, etwas von höherem Wert zu erlangen. Etwas, das man nicht mit natürlichen oder menschlichen Mitteln bekommen kann. Mit anderen Worten: Etwas zu erreichen, das im Übernatürlichen liegt und aus dem Übernatürlichen kommt.

Der Altar ist ein Zugang und eine Tür zum Thron Gottes

Der Altar ist ein Portal, ein Zugang und eine Tür zum Thron Gottes. An diesem Ort wird Gottes Wille kundgetan und ausgeführt. Dort können wir durch unseren Lobpreis etwas an Gott zurückgeben. Dort stellen wir Seinen Willen über unseren eigenen, über unsere Kontrolle, Pläne, Absichten, Finanzen etc... Dort vertrauen wir Gott und erlauben Ihm, die Herrschaft in unserem Leben auszuüben. Dort bekennen wir, dass Seine Pläne höher sind und Er über jeder Situation unseres Lebens steht (vgl. 2. Mose 40:29; 1. Chronik 21:26-28; 1. Chronik 22:1; 2. Könige 16:14; Offenbarung 8:3+5; 9:13;11:1).

ICH MACHTE MEINEN ALTAR ZU MEINEM THRON

Bereits einige Zeit vor dem Herzinfarkt hatte ich mich bei Gott und meiner Frau beschwert, dass ich nicht „ernte", wofür ich in vielerlei Hinsicht „Opfer gebracht" hatte. Ich fühlte mich innerlich betrogen und zu kurz gekommen. Hatte ich nicht zur Erfüllung meines Auftrages meine Nation, meine Kultur, das schöne Wetter, das für mich leckere Essen, meinen Job und alle Sicherheiten aufgegeben und war meinem Ruf nach Deutschland gefolgt. Dafür war ich in meiner Heimat oft auf Unverständnis gestoßen und man hatte gesagt: Ist er jetzt ganz und gar verrückt geworden und geht in die Mission, so weit weg von hier, wo er sich auskennt. Ich hatte das Gefühl, Gott entschädigte mich nicht für die Missverständnisse, Schwierigkeiten und auch Ablehnungen, die ich aufgrund *„meines"* Opfers erfuhr.

Später verdeutlichte mir der Herr mit der obigen Vision, dass ich mich mit meiner Haltung zum Richter eingesetzt hatte. Und noch schlimmer: Ich hatte mich zu Seinem Richter gemacht. Ich war der Annahme, ich hätte das Recht zu urteilen und den Anspruch auf etwas ganz Bestimmtes. Und dies nur, weil *ich ein Opfer gebracht* und bei meiner Nachfolge im Gehorsam etwas getan oder erlebt hatte. So wurde mein Altar, auf dem ich dem Herrn eigentlich opfern wollte, zu meinem Thron. Langsam, aber stetig hatte ich mich auf den Platz gesetzt, der einzig und allein Jesus gebührt.

Meine Herzenshaltung war bitter. Ich war beleidigt, verletzt, wurde kritisch und verurteilend, was mein Umfeld und meinen Dienst betraf. Das übertrug ich leider auch auf Gott. Und so wie viele andere vielleicht auch begann ich mich selbst zu verurteilen. Ich war sehr überzeugt von meiner Einstellung und sagte so etwas wie: „Ich habe ein Recht", „Dies und jenes wie Ehre und Respekt steht mir zu." Unbewusst habe ich „meine Opfer" als einen Versuch zur Kontrolle Gottes gebraucht, damit Er „meinen" Willen tut. Und sogar mit meiner Selbstverdammnis versuchte ich Gott zu manipulieren.

Wahrer Lobpreis ist ein Gott wohlgefälliges Opfer. Wir geben Gott etwas zurück, was Er uns zuvor geschenkt hat. Doch bei mir war es umgekehrt. Ich wollte von Gott zurückhaben, was ich Ihm zuvor gegeben hatte. Im tiefsten Herzen wollte ich also, dass Gott es mir recht macht!

Wenn Jesus nicht auf dem Altar sitzt, dann ist es nach wie vor *MEIN* Altar, mein persönliches Opfer, mein verzweifelter Versuch der Selbstgerechtigkeit.

ICH SPÜRTE, ICH SOLLTE DEN ALTAR VERLASSEN

Die pure Anwesenheit des Lammes und Sein Blick ließen mich spüren, ich sollte den Altar verlassen. Damit wünschte Er sich, dass ich auch den Thron verlasse; den Thron meines „Ichs". Es geht um einen Lobpreis, der Opfer bringt und bedeutet, MEINEN WILLEN SEINEM WILLEN unterzuordnen. Ich musste einsehen, ich hatte mich auf einen Altar gebunden, an den Gott mich in keiner Weise gebunden hatte. Das Opfer, das Gott von mir möchte, ist mein Eigenwille, mein persönliches „Königreich", die Kontrolle.

Ich stand also im Weg. Somit Jesus und letztendlich auch mir selbst, wodurch ich Jesus behinderte. Die erschreckende Konsequenz am Ende einer solchen Haltung ist folgende: Solange ich auf dem Thron bleibe, bin ich auch verantwortlich. Verantwortlich für Lösungen oder Resultate, für die ER längst den Preis bezahlt und eine perfekte Lösung und Hilfe geschaffen hat. In meinem Fall war es Freiheit von all dem, was mich leiden lässt: Schmerzen, Leid, richtende Haltung, Selbstmitleid, Bitterkeit, Ablehnung, Traumata, der Herzinfarkt, jegliche Krankheit und so vieles mehr.

IN SEINEN WUNDEN SIND WIR GEHEILT

Jesus nahm das alles mit ans Kreuz. In Seinen Wunden sind wir geheilt. Und wir können vom Kreuz in Empfang nehmen, was Er längst erkauft hat.[1]

Jesus, das Lamm, kann für all das nur dann die Verantwortung übernehmen, wenn ich auf meinen Platz verzichte. Gott wünschte sich von mir zutiefst meine Aufgabe und wollte sagen: „Wenn du „diesen" – deinen Altar aus Dornen verlässt, dann wirst du damit auch deinen Thron verlassen. Damit gestattest du mir, alles zurecht zu bringen; Heilung und Frieden für jede Verletzung und jeden Bereich, in dem du Not und Schmerz in deinem Leben verspürst."

Zurück zu meinem Gottesbild:

Ich sah Gott vor mir stehend – mit erhobenem Schwert. Als ich Ihn mit meiner falschen Sichtweise so sah, verlor ich den Blick für die Gnade. So hatte die Gnade für mich und auch für andere verloren. Ich sah einen ärgerlichen Gott, denn ich war ärgerlich auf mich und andere. Als Gott mir die Wahrheit vor Augen stellte, wurde deutlich: Er ist voller Mitgefühl, Gnade, Barmherzigkeit und Liebe. Und zugleich ist Er heilig und gerecht.

---

1   Vgl. **Aligning With God's Appointed Times: Discovering the Prophetic and Spiritual meaning of the Biblical Holidays**, Copyright 2020 Rabbi Jason Sobel · RJS Publishing.

8

Das Opferlamm
– die Opfer-Mentalität

Sind wir bereit, das Wesen der Vision noch tiefer zu begreifen? Auch wenn es wehtut, im Kern führt es in die Freiheit, und die Wahrheit macht immer frei. Wie schon mehrfach erwähnt: Auf einem Altar wird ein Opfer dargebracht. Ein Altar ist ein Zugang, eine Pforte, eine Tür zum Thron Gottes.

Folgendes haben wir sicher alle schon erlebt und die sogenannte „Opfer Mentalität" oder das Märtyrer Syndrom muss man ernst nehmen. Eine solche Einstellung drückt aus: „Ich habe immer Recht. Meine Handlungen, Meinungen, Gefühle und Taten sind immer gerechtfertigt." Hier drückt sich ein Anspruch aus. Wenn wir im Spiel des Lebens die „Opferkarte" zücken, wollen wir Menschen manipulieren, den eigenen Willen durchsetzen und die Kontrolle haben. Und, wie oben skizziert, wir wollen auf einem Thron sitzen.

Wenn man sich zum Opfer macht, stilisiert man sich zu etwas, das allein Jesus sein kann. Diese Rolle steht nur Ihm zu. Eine Opfer-Einstellung, die Identifizierung als Opfer des Lebens muss durch die Kraft Gottes besiegt werden. Denn mit dieser Einstellung legt man sich auf den Altar. Salomo sagt in Sprüche 16:18 und 17:19, eine solche Einstellung ist im tiefsten Stolz.

Würdig ist das Lamm, das geschlachtet worden ist.

(nach Offenbarung 5:6)

Später machte ich mir noch Gedanken über die wahre Bedeutung des Wortes „würdig". Da einzig und allein Jesus, das Opferlamm, würdig ist, bedeutet es im Umkehrschluss, kein anderer ist würdig. Jeder Mensch, ob „gut", „begabt" oder auch „willens", niemand von uns ist würdig. Wir sind alle unzulänglich und können nicht den Anforderungen genügen, um ein perfektes Opfer zu sein. Wir sind nicht in der Lage, verdienen es auch nicht und sind nicht geeignet dafür, diese Art von Verantwortung zu tragen. Keiner von uns kann den Preis zahlen, den Jesus gezahlt hat. Wir haben weder die Kraft, noch sind wir dafür gemacht und ausgestattet, auf dem Altar zu liegen oder auf dem Thron zu sitzen und zu regieren.

9

Elias großer Wunsch zu sterben

Einen Bericht in der Bibel fand ich schon immer faszinierend: Die Begebenheit rund um Elia, der niedergeschlagen und entmutigt war, obwohl er noch kurz zuvor in großer Kraft und Vollmacht von Gott gebraucht worden war.

Er selbst aber ging in die Wüste eine Tagereise weit und kam und ließ sich unter einem einzelnen Ginsterstrauch nieder. Da wünschte er sich, sterben zu können, und sagte: Es ist genug. Nun, HERR, nimm mein Leben hin! Denn ich bin nicht besser als meine Väter.

1. Könige 19:4 (Luther)

So gesehen erlebte ich Ähnliches. Und das sogar schon vor der Erschütterung, dem Sturm, dem Feuer und den mehr als 40 Tagen, die ich auf der Intensiv-Station verbrachte. Nicht zu vergessen die lange Reise der Erholung, die sich nach dem Infarkt und Herzstillstand anschloss.

Wie schon erzählt, hatte ich in dieser Phase den intensiven Wunsch wie Elia: „Herr, erlaube mir, zu sterben." Doch am fünften Tag auf der Intensiv-Station, noch während ich zu Gott diese Worte sagte, begegnet mir mein Herr und machte deutlich, Gott war und ist nicht auf mich ärgerlich. Nichts liegt Ihm ferner, als mich zu bestrafen. Während dieser Begegnung hörte ich deutlich Seine Stimme: „Nur ER ist es." Damit meinte er Jesus, das Opferlamm. Und damit sagte Er mir: „Mike, was machst du hier?"

> Und der Engel des HERRN kehrte zurück, zum zweiten Mal und rührte ihn an und sprach: Steh auf, iss! Denn der Weg ist zu weit für dich. Da stand er auf und aß und trank, und er ging in der Kraft dieser Speise vierzig Tage und vierzig Nächte bis an den Berg Gottes, den Horeb.
>
> 1. Könige 19:5 (Luther)

Wie Elia war auch ich sehr enttäuscht in meinem geistlichen Dienst. Ich hatte einen Weg hinter mir, der von Eifer zu Niedergeschlagenheit und Verzagtheit umgeschlagen war. Meiner Einschätzung nach war alles, was ich für Gott getan hatte, nicht gut genug. Ich hatte noch nicht genug erreicht und war selbst nicht gut genug. Hoffnungslos und hilflos konnte ich mir für mich nur eine trostlose Zukunft vorstellen. Ich beschwerte mich, verurteilte mich selbst und fühlte mich abgelehnt und nicht respektiert. Ich begann mich in Selbstmitleid zu suhlen. Und als Folge dieses Lügenmix aus der Hölle verlor ich sogar meinen Lebenswillen.

DAS HERZ JESU

Ich möchte meine Betrachtung der Vision mit einem für mich zutiefst wesentlichen Gedanken abschließen und hoffe, dafür die passenden Worte zu finden.

Es scheint mir, dass Jesus sehr darunter leidet, wenn ein Mensch seinen Platz auf dem Thron des Herzens nicht räumt, um Ihn einzuladen, dort Platz zu nehmen. Ich möchte sogar so weit gehen, dass Jesus größeres Leid verspürt, wenn Menschen Ihn ablehnen, als die Schmähungen, die Verachtung und das unsagbare körperliche Leiden, das Ihm im Zuge der Kreuzigung angetan wurde.

KURZES INTERMEZZO AUF DER NORMALSTATION

Nach dieser Vision änderte sich meine Einstellung sofort und umfassend. Es fiel mir immer noch schwer, nichts zu trinken oder mit dem Gefühl umzugehen, nicht genug Wasser zum Trinken zu haben. Doch der Friede und die Himmelsfreude, die ich aus den Augen Jesu, aus Seinem Blick empfangen hatte, verließen mich nicht. Bei der gesamten, im Krankenhaus verbrachten Zeit lagerte sich der Friede Jesu in und auf mir. Dieser ist bis heute für mich schwer zu beschreiben.

Ihr seid in der Liebe eingewurzelt und gegründet, damit ihr mit allen Heiligen begreifen könnt, welches die Breite und die Länge und die Höhe und die Tiefe ist und auch die Liebe Christi erkennen könnt, die alle Erkenntnis übertrifft ... Epheser 3:17-18 (Luther)

Nach der Vision hielt die große Ermutigung durch Gottes Wort an, dass ich leben würde. Ich ging also davon aus, jeden Moment durch ein Wunder aus dem Krankenhaus entlassen zu werden. Auf eigenen Beinen würde ich aus der Intensivstation laufen und nach Hause kommen. Stattdessen folgten noch 17 weitere Tage auf der Intensivstation. Während dieser Zeit lief ich mit einem Physiotherapeuten schon ein wenig den Gang entlang; nur kleine Strecken über den Stationsflur. Ich war auf einem guten Weg und es gab weitere Fortschritte.

Eines Tages war es dann so weit und ich sollte auf die Normalstation verlegt werden. Diese Nachricht war ein Fest für mich und ein kurzes Aufatmen für Familie und Freunde. Als ich die Intensivstation zwar nicht auf zwei Beinen verließ, sondern auf den Rollen des Krankenbetts, gab ich den Ärzten, die mich sahen, ein „Daumen hoch". Endlich die Aussicht auf eine Dusche, um die ich auch sofort bat. Man hatte mich an einen kleinen Monitor angeschlossen, um jederzeit zu bemerken, ob etwas Kritisches anliegt.

Nach der Dusche fühlte ich mich für ein paar Minuten stark und gut. Eigentlich wollte ich mich noch rasieren, doch das verschob ich schnell auf später. Plötzlich war ich nur noch müde und schwach. Die Stärke verließ mich. Es war so schlimm, dass ich mich für den Rest des Tages nicht bewegen konnte. Das war schwer zu fassen. Mir war nicht nach Sprechen und ich war müde und auch enttäuscht. Dies alles konnte ich nicht verstehen, und letztlich konnte ich noch immer nicht glauben, was eigentlich mit mir passiert war.

Am nächsten Morgen wurde ich zur Blutabnahme auf einen Stuhl gesetzt. Man versuchte, mich etwas zu stabilisieren, mich einfach ein klein wenig aufrecht sitzen zu lassen. Schon wieder wurde ich müde. So müde, dass ich meinen Kopf nicht aufrecht halten konnte. Ich wollte zurück ins Bett, doch ich konnte mich nicht bewegen. Ich wurde immer schwächer und fühlte mich taub. Alles um mich herum verschwamm und wurde dunkel. Ich dachte, ich würde von der Blutabnahme ohnmächtig. Aber das war es nicht. Mein Herz hörte auf zu schlagen. Als Nächstes bekam ich nur mit, wie die Schwestern angerannt kamen. Sie halfen mir zurück ins Bett und lagerten meine Füße höher als den Kopf. Und so verbrachte ich leider nur ein wenig länger als einen Tag auf Normalstation. Als ich stabil genug war, brachte man mich zurück auf die Intensiv-Station. Hier lag ich wieder in demselben Raum; doch dieses Mal war ich neben der Tür positioniert und nicht neben dem Fenster. Ich fühlte mich wieder etwas stärker, empfand so etwas wie Besserung. Aber in Wirklichkeit sind es ja die Maschinen und Medikamente, die mich dort am Leben erhielten und meinem Körper Kraft verliehen.

CHEESEBURGER FÜR DEN HERZPATIENT

Ein fröhliches Herz ist die beste Medizin, ein verzweifelter Geist aber schwächt die Kraft eines Menschen. Sprüche 17:22 (Neues Leben)

Also war ich zurück auf der Intensivstation. Neben der Klimaanlage gab es noch etwas, für das ich sehr dankbar war. Ich freute mich, dass ich „nur" zwei Katheter benötigte. Einer von ihnen diente zur täglichen Blutabnahme. Er befand sich entweder in meinem Arm oder in meiner Hand, was man nach Plan abwechselte. Der andere war ein intravenöser Zugang oder ein Venenkatheter, der in einer Halsvene steckte und auch in der Zeit mindestens drei Mal die Seite gewechselt hat. An diesen Zugang befand sich etwas, das ich gelinde gesagt, nur als Gewirr von Plastik-Röhrchen, Ventilen und Klammern bezeichnen würde. Immer, wenn ich mich aus Versehen beim Einschlafen darauflegte, unterbrach ich versehentlich das System und löste im Monitor einen sehr lauten Alarm aus. Dann kam die Schwester und schaute nach mir, ob ich okay war.

Glücklicherweise tat mir der Hauptkatheter in meinem Hals nicht weh. Wirklich unangenehm war aber, dass ich oft das Gefühl hatte, nicht genug Luft zu haben. Ich hatte noch immer große Schwierigkeiten zu atmen. Und zwar immer dann, wenn die etwa 30-minütige Einführungsprozedur begann. Dies erforderte eine komplette Sterilisation. Man bedeckte mein Gesicht und meinen Hals mit chirurgischem Plastik. Ich erzähle das nur, weil das Leben sehr langweilig werden kann. So musste ich mir etwas überlegen, womit ich mich unterhalten konnte. Dann war es tatsächlich eine Abwechslung, wenn die Ärzte, Schwestern und Pfleger diesen benannten Katheter wechseln mussten. Einmal fand der Wechsel an einem Tag statt, an dem die Wolken am Himmel immer mal die Sonne bedeckten, um dann wieder weiterzuziehen. In einem Moment erfüllte das Licht plötzlich signifikant den Raum. Als die Wolken, welche die Sonne bedeckt hatten, schnell vorbeizogen und ich ruhig hielt, um das Behandlungsteam nicht zu stören, platzte es aus mir heraus: „Ich sehe ein helles Licht!" Alle brachen in schallendes Gelächter aus. Diese humorvolle Erinnerung habe ich nach diesem ernsten Geschehen gerne mit nach Hause genommen.

Zugegeben, ich wurde etwas misstrauisch. Aufgrund von Corona herrschte auf der Intensivstation ein komplettes Besuchsverbot. Doch die Ärzte machten bei den täglichen Besuchsanfragen meiner Frau fast jedes Mal eine Ausnahme. Sie hatte sich freiwillig in Quarantäne begeben und ging außer zum Einkaufen nicht unter Leute. Sie wollte sich nicht anstecken und durch Quarantäne und Homeoffice die Besuchsmöglichkeit erhöhen.

Mehrmals wurden mir sogar kulinarische Sonderwünsche genehmigt. Wencke brachte mir einmal Cheeseburger und öfter auch Käsepizza mit. Mein Mitpatient wurde mehr und mehr ungehalten, weil sie mich so oft besuchen durfte. Dann signalisierte ihm der Pfleger nur, er möge vorsichtig mit seiner Beschwerde sein. Es gäbe schon einen Grund, warum man mir so oft Ausnahmen gestattete. Einmal sagte ein Arzt zu meiner Frau: „Ihr Mann ist momentan der jüngste Patient, den wir aktuell auf Intensiv haben, aber zugleich der kränkste." Mehr als einmal wurde meiner Frau zu verstehen gegeben, ihr Mann sei noch nicht über den Berg. Mein fragiler Gesundheitszustand war also ein Grund, dass sie mich oft besuchen durfte. Hin und wieder, aber wirklich selten, sah ich andere Besucher auf dem Gang. Einmal war es eine Gruppe Menschen, wahrscheinlich eine Familie. Nach ihrem Besuch im Krankenzimmer sah ich sie alle weinend zurück zum Ausgang laufen. Daraus folgerte ich, dass sich hier die Chance auf Besuch erhöht, bzw. nur dann gegeben ist, wenn das Leben am seidenen Faden hängt.

Doch, wie ich schon sagte, mein aktueller Gesundheitszustand jagte mir weder Angst noch Panik ein. Ich konnte es jetzt auch hinnehmen, im Krankenhaus zu sein. Nachdem ich Jesus in die Augen geschaut hatte, blieb meine innere Einstellung positiv. Wurde ich nach meinem Befinden gefragt, sagte ich immer: „I'm doing great." („Es geht mir prima!") Sogar dann, als einmal mitten in der Nacht ein Arzt hereingerannt kam und fragte: „Sind sie Okay?" „Ja", sagte ich. „Mir geht es gut." „Nein", sagte er. „Geht es nicht. Die Maschinen sagen mir etwas anderes."

Woran ich mich in dieser Zeit gern erinnere, ist die Art und Weise, mit der die Ärzte, Schwestern und Pfleger miteinander gearbeitet haben. Sie waren gut „getaktet" und funktionierten wie eine wohl geölte Maschine, und zwar spontan und in wirklich jedem Notfall. Neue Notfallpatienten kündigten sich mit Rettungshubschraubern und Sirenen an. Es war wirklich faszinierend zu beobachten, wie gut das Team aufgestellt war. Auch erinnere ich mich gerne daran, als ich als Patient einem Mitpatienten in einer für ihn kritischen Situation auf meine bescheidene Weise praktisch helfen konnte. Zweimal drückte ich für ihn den Notfallknopf und schrie dabei jedes Mal so laut ich konnte, „HILFE". Mein Bettnachbar hatte sich sehr schlimm übergeben und wäre infolgedessen fast erstickt. Meine Mithilfe hinterließ mir ein gutes Gefühl, denn ich konnte für die Hilfe, die ich bekommen hatte, etwas zurückgeben. Es tat gut, langsam wieder am Leben um mich herum teilhaben zu können.

Mein „Abenteuer" mit diesem lieben Mitpatienten endete hier noch nicht. Als ich schließlich von der Intensivstation entlassen wurde, und mein Bett auf der Normalstation bezog, waren wir zufällig wieder Bettnachbarn. Und es passierte erneut. Als er sich übergeben musste, konnte ich für ihn um Hilfe rufen. Dieses Mal war es vielleicht tragisch-komisch oder traurig, denn später sagte mir dieser kaum deutschsprechende

Herr, dass er beim Erbrechen ein sehr teures Gebiss trug. Das landete aus Versehen in einer Mülltüte, die später vom Personal verbrannt wurde, noch bevor seine Frau es verhindern konnte. Vielleicht war es für ihn auch zum Vorteil, dass er für den restlichen Tag kein Krankenhausessen mehr bekam ....

ER ERRETTET AUS TODESNOT

HERR, du bist mein Gott, dich preise ich; ich lobe deinen Namen. Denn du hast Wunder getan; deine Ratschlüsse von alters her sind treu und wahrhaftig. Jesaja 25:1 (Luther)

Zu Beginn war die eigene Nacktheit einfach nur schrecklich. Du bist die Hilfslosigkeit in Person. Aber die im Krankenhaus arbeitenden Menschen sind Profis und haben schon alles gesehen. Eine Frage an den Leser: Vor wem kannst du schwach und entblößt sein? Wer darf dich hilflos sehen und erleben? Manch einer wird dich bedecken, und manch einer wird es nicht tun. Mit manchen kannst du beten und dein Innerstes preisgeben, mit manchen nicht. Ich spürte mehr als einmal, dass ich sterben würde. Und dann wusste ich doch tief in mir drin, dass ich leben würde. Die ganze Zeit dachte ich, das Wunder kommt jeden Moment um die Ecke und ich würde anschließend von der Intensivstation zu unserem Auto laufen und nach Hause fahren. Aber so war es nicht.

Zuerst stand mein Name für kurze Zeit auf einer offiziellen Liste für benötigte Herztransplantationen in Deutschland. Alternativ sprach man auch von einem Kunstherz. Mein Herz war einfach zu schwach. Meine Frau informierte die Beter und wieder unterstützten uns viele Freunde und die Familie im Gebet. An diesem Tag sagte der Arzt zu meiner Frau: „Ihr Mann ist noch nicht über den Berg." Später riet ich ihr: „Wencke, höre auf den Arzt, aber nicht zu sehr. Denn wir haben noch eine andere Diagnose erhalten. Ich werde leben!"

Einmal durfte mich mein bester Freund Holger besuchen. Das war eine weitere Ausnahme. Zu Beginn fühlte es sich gut an, aber plötzlich verschwamm alles. Ich sagte: „Ich bin einfach total müde". Dann erinnere ich mich an die hereinstürzenden Ärzte und Schwestern, die meinen Freund sofort herausbaten. Später durfte er wieder hereinkommen und meine Frau war auch dabei. Eine Schwester schaute sie sehr sorgenvoll an.

Etwa vier Wochen später machte ich wieder meinen Minispaziergang mit dem Physiotherapeuten. Auf meinem Weg zurück wurde ich kurz vor dem Bett in den Armen der Schwester ohnmächtig. So laut sie konnte rief sie meinen Namen, um mich aufzuwecken und andere Mitarbeiter um Hilfe zu rufen. Wieder wurden meine Beine zur Unterstützung meines Kreislaufs hoch gelagert.

Gott hatte mir auch die Anweisung gegeben: „Du machst, was die Ärzte sagen. Du hörst auf sie. Ich habe ihnen die Begabungen und Fähigkeiten geschenkt. Sie sind dafür da, dir zu helfen, gesund zu werden."

BEREIT ZU KÄMPFEN?
ODER: LEARNING BY DOING
WENCKE BATES

Kranken werden sie die Hände auflegen, so wird's gut mit ihnen.
Markus 16:18 (Luther)

Diesen Vers hatte mir Mike einige Jahre zuvor als Widmung in meine neue Bibel geschrieben, und zwar aus einem bestimmten Grund. Denn bevor ich die Bibel geschenkt bekam, beschäftigte ich mich schon länger mit dem Thema „Heilung durch Jesus". Ich wagte es in meinem Alltag, kranken Menschen in meinem

Umfeld, Gebet anzubieten. Damit wollte ich den Auftrag Jesu zur Umsetzung bringen. Statt eines „Ich denk an dich" oder „Gute Besserung" sagte ich bewusst „Ich bete für dich", was ich auch tat.

„Das Spiel wird auf dem Platz entschieden." Diesen Satz hatte mein Chef einmal in einem komplett anderen Zusammenhang gesagt. Aber er fällt mir in Bezug zur Krankheit und Heilung immer wieder ein. Ist die Not und Krankheit konkret, ist dann nicht auch die Heilung, die Jesus am Kreuz für uns erwirkt hat, umso konkreter?

Doch ich gebe zu, die Erfahrung mit Mikes Herzinfarkt ließ das Thema Krankheit und möglicher Tod noch einmal ausdrücklicher und absolut bedrohlich in mein Leben treten. Ich war ebenfalls betroffen. Es ging um meinen Mann. Zweierlei kam mir immer wieder in den Sinn: Das Zitat von Bill Johnson: „In einer Krise gibt es zwei Möglichkeiten: Du bewegst dich auf Gott zu – oder weiter von ihm weg." Und: „Learning by Doing." Die Angst um Mike trieb mich buchstäblich näher zu meinem Herrn und zu Seinem Wort. Denn Jesus und sein Wort sind eins. In Jesu Gegenwart erfuhr ich Kraft und Hoffnung für Leben und für Heilung.

Wie ich ja bereits erzählte, vernahm ich sofort nach der Diagnose folgenden Bibelvers in meinem Innern: „Der Dieb kommt nur, um zu stehlen und zu schlachten und zu verderben. Ich bin gekommen, damit sie Leben haben und es in Überfluss haben." Durch diese Offenbarung nahm ich den Kampf auf. Was nicht bedeutet, dass man nicht auch andere Beter mit einschaltet, nie einen schwachen Moment erlebt und Tränen in solchen Tagen ein Zeichen von Schwäche sind. Diese Einstellung und das Festhalten an Gottes Güte halte ich für wichtig, wenn man mit Aussagen konfrontiert wird, die einem den Boden unter den Füßen wegziehen.

Einmal wurde mir als Ehefrau der Ernst der Lage und die gesundheitlichen Aussichten für meinen Mann vor Augen gestellt. Mikes Lage war mehr als kritisch. Er erzählte mir einmal von einem mitangehörten Gespräch. Sein Bettnachbar hatte zum Pfleger gesagt: „Ist er im Boot nach drüben?" Und der Pfleger meinte daraufhin: „Ja, er ist im Boot."

Worte aus der Bibel waren mein Trost und Anker - und auch Jesus selbst: Die treuste und stärkste Person des Universums, an den ich mich immer wenden konnte. Ich spürte den Frieden, der allen Verstand übersteigt. Gleichzeitig suchte ich die Gemeinschaft von Betern. Bei einem Anbetungsabend beteten die Geschwister und ich wieder für Mike. Ich erinnere mich noch, wie ich in der Ecke des Raumes stand. Der Abend war zu Ende und ich wollte schon gehen. Kurz unterhielt ich mich noch mit der Leiterin. Dabei rutschte mir buchstäblich der Vers aus Hebräer 11 aus dem Mund: „Durch Glauben erhielten Frauen ihre Toten durch Auferstehung wieder." Ich hörte mich diese Worte sprechen und konnte kaum glauben, was ich da sagte. Doch ich denke immer mal wieder an diesen kostbaren Moment zurück. Denn heute weiß ich: Das haben wir gerade erlebt. Gott hat es in Seiner Gnade geschenkt, dass Mike am Leben blieb. Manche Momente brachten mich an meine Grenzen; sowohl positiv als auch negativ. Und das Wort Gottes strahlte so klar wie noch nie in meinem Leben.

Prognosen, mangelnde Voraussagen oder Sätze, die man lieber nicht hören möchte, konnte ich schwierig bis unmöglich aushalten. Selbst wenn sie vom Fachpersonal sensibel und voller Mitgefühl ausgesprochen wurden.

Gleichzeitig überkam mich in dieser Zeit großes Mitgefühl für alle Menschen, die Jesus noch nicht kennen. Wie geht es diesen wohl, wenn Ärzte ihnen solche ernsten Worte zusprechen? Wie gehen sie mit der Endlichkeit jeden Lebens um, oder wenn Krankheit das Leben junger Menschen in ihrer eigenen Familie oder im Freundeskreis bedroht? In diesen Wochen zeigte Sich Jesus mir von Seiner besten Seite. Hatte ich Angst? Ja. Doch der in unserer Wohnung spürbare Trost und Friede ist schwer in Worte zu fassen. Häufig hatte ich als kommunikativer Typ den Impuls, alle Beter möglichst schnell über den neusten Stand zu informieren. Einmal hörte ich Gottes liebevolle Stimme zu mir sprechen: „Hallo, ich bin auch noch da. Warum sprichst du nicht zuerst mit mir, bevor du alle informierst? Ich bin doch der, der helfen kann." Und Er tat es. Ich kann nur sagen: Seine Nähe ist kostbarer als Gold. In mir reifte während dieser Zeit die tiefe Sicherheit, dass Gottes Wort zu 100 Prozent verlässlich ist.

Mein himmlischer Vater ist vertrauenswürdig.

DEM HIMMEL SO NAH

Wir aber sind Bürger im Himmel, woher wir auch erwarten den Heiland, den Herrn Jesus Christus. Philipper 3:20 (Luther)

Wie ich schon erzählte, hatte ich in den ersten Tagen auf der Intensivstation den tiefen Wunsch zu sterben. Als ich Gott sagen hörte, dies sei nicht Sein Wille, richtete ich die ganz persönliche Bitte an Ihn: „Wenn ich schon nicht kommen kann, dann gewähre mir doch wenigstens einen Einblick in den Himmel." Dabei erwähnte ich bei Gott einige Berichte einiger Christen, die nach ihrem Tod und bevor sie wieder zurückkamen Einblicke in den Himmel bekommen hatten. Das wollte ich ebenfalls erleben. Auch in diesem Moment war der Kommunikationskanal zu Gott unbeschreiblich klar. Gottes Antwort lautete: „Ich kann dir nicht erlauben, die Herrlichkeit des Himmels zu erleben. Denn ließe ich es zu, Mike, würdest du depressiv werden. Und uns bleibt nicht die Zeit für deine diesbezüglich Erholung. Wenn du einmal den Himmel geschmeckt hast, würdest du aufgeben und aufhören, für dein Leben hier auf der Erde zu kämpfen." Das verstand ich.

Gleichzeitig sagte ich: „Okay, ich verstehe. Doch zeige mir wenigstens, wer genau auf der anderen Seite auf mich wartet?" Und auf diese Bitte ging Gott ein.

Ich sah einen wolkigen Vorhang und unklare Bilder von verschiedenen Menschen. Meine Mutter und ihre Eltern. Die Mutter meines Vaters und andere. Manche kannte ich persönlich. Manche waren wie Schattengestalten. Ich konnte sie nicht zuordnen. Später verstand ich, dass dies entfernte Verwandte bzw. Vorfahren waren, die ich nie gesehen oder persönlich kennengelernt hatte. Sie gehören aber zur Familie und hatten einen indirekten Anteil an meiner Errettung.

Ich erinnere mich auch an meine Frage: Wo ist dieser oder jener Verwandte, diese oder jene Person, von denen ich wusste, dass sie zu Lebzeiten Jesus als Herrn angenommen – und ihn liebhatten. Warum waren sie nicht zur Stelle, warum haben sie mich nicht begrüßt? Später hatte ich den starken Eindruck, der Herr wolle mir zu verstehen geben: Diese Menschen, die ich in diesem Moment vermisste, hatten keinen Anteil daran, dass ich den Herrn persönlich kennenlernte und ihm nachfolgte. Und dennoch sind sie jetzt dort beim Herrn in Seiner Herrlichkeit. Diese Erklärung konnte ich nachvollziehen.

TRAURIGE GEWISSHEIT: NICHT JEDER MENSCH KOMMT AUTOMATISCH IN DEN HIMMEL.

Einige Tage später lag ich in meinem Bett und betete. Dabei bekam ich eine Erkenntnis, die mich tief ergriff und gleichzeitig auch sehr traurig machte. In dieser Zeit fragte ich den Herrn: „Warum habe ich an diese Personen nicht einmal gedacht?" Die Antwort kam ohne Umschweife und bringt mich noch heute zum Weinen: „Sie sind nicht hier. Und diejenigen, die nicht im Himmel – in meinem Königreich – sind, an die wird man sich auch nicht erinnern. Denn bei mir in der Ewigkeit gibt es weder Tränen, Leid noch Bedauern. Würdest du hier im Himmel an jene denken, die du vermisst und liebst, würde dich eine ewige Traurigkeit überkommen. Doch bei mir gibt es keine Form von Kummer. Die Menschen, welche nicht im Himmel sind, werden vergessen sein; an sie wird sich niemand erinnern."

Viele leben in der Annahme, die sogenannten „guten Menschen" kämen in den Himmel. Die Realität aber benennt Jesus, wenn Er sagt, nur Einer ist gut und es gibt nur einen Weg zum Vater: Allein durch Ihn.

DIEJENIGEN, DIE NICHT IM HIMMEL – NICHT IM KÖNIGREICH GOTTES – SIND, WERDEN VERGESSEN SEIN

Darum spricht Gott der HERR: Siehe, meine Knechte sollen essen, ihr aber sollt hungern; siehe, meine Knechte sollen trinken, ihr aber sollt dürsten. Siehe, meine Knechte sollen fröhlich sein, ihr aber sollt zuschanden werden; siehe, meine Knechte sollen vor Herzenslust jauchzen, ihr aber sollt vor Herzeleid schreien und vor Jammer heulen. Und ihr sollt euren Namen meinen Auserwählten zum Fluch überlassen»Dass dich Gott der HERR töte«; aber meine Knechte wird man mit einem andern Namen nennen. Wer sich segnen wird auf Erden, der wird sich im Namen des wahrhaftigen Gottes segnen, und wer schwören wird auf Erden, der wird bei dem wahrhaftigen Gott schwören. Denn die früheren Ängste sind vergessen und vor meinen Augen entschwunden.

Denn siehe, ich will einen neuen Himmel und eine neue Erde schaffen, dass man der vorigen nicht mehr gedenken und sie nicht mehr zu Herzen nehmen wird. Freuet euch und seid fröhlich immerdar über das, was ich schaffe. Denn siehe, ich erschaffe Jerusalem zur Wonne und sein Volk zur Freude, und ich will fröhlich sein über Jerusalem und mich freuen über mein Volk. Man soll in ihm nicht mehr hören die Stimme des Weinens noch die Stimme des Klagens. *Jesaja 65:13-19 (Luther)*

Ich liege unter den Toten verlassen, wie die Erschlagenen, die im Grabe liegen, derer du nicht mehr gedenkst und die von deiner Hand geschieden sind. *Psalm 88:6 (Luther)*

Das Andenken des Gerechten bleibt im Segen; aber der Name der Frevler wird verwesen. *Sprüche 10:7 (Luther)*

Ich bin vergessen im Herzen wie ein Toter; ich bin geworden wie ein zerbrochenes Gefäß. *Psalm 31:13 (Luther)*

Gott ist nicht ein Gott der Toten, sondern der Lebenden. *Matthäus 22:32*

10

Ein Wort über die Zeit

Kauft die Zeit aus! Epheser 5:16

Als ich so dicht an der Ewigkeit war, wurde mir deutlich, wie dünn doch der Vorhang ist, vor dem sich dein und mein Leben abspielt; der Vorhang zwischen dieser und jener Dimension, die wir Ewigkeit nennen. Ich glaube, mir ist jetzt ein klein bisschen mehr darüber deutlich, was der Begriff „Zeit" eigentlich meint. Hinter dem Vorhang hatte ich das Gefühl, es sei immer „jetzt". In diesen Momenten schien mir die Zeit aufzuhören. Auf jener Seite besteht keine Gelegenheit mehr, seine Herzenshaltung zu ändern und eine Entscheidung zu treffen. Wohin du gelangst und wo du dann bist, bleibst du für immer. Solange wir hier auf der Erde leben, ist die Zeit ein Geschenk. Während dieser kurzen Weile können wir die Entscheidung treffen, Jesus als unseren Herrn und Retter anzunehmen und täglich mit Ihm zu leben. Jeder Mensch kann sich entscheiden, Jesus zu folgen oder Seine Einladung auszuschlagen. Ich kann dir versichern, wenn du dich nicht für Jesus als Deinen persönlichen Herrn, Heiland und Erlöser entschieden hast, wirst du dir in Ewigkeit verzweifelt wünschen, du hättest es getan.

Die Zeit in dieser Dimension, von unserem Geburts- bis zu unserem Sterbetag, ist ein Geschenk Gottes. Sie gibt uns die Chance, mit Ihm, dem Schöpfer und Liebhaber unserer Seele und unserem himmlischen Vater ins Reine zu kommen. Jesus hat für alles bezahlt, was uns von Gott trennte. Wir können unser Leben dem für uns gekreuzigten und auferstandenen

Herrn Jesus anvertrauen und unsere Sünden vergeben lassen. Nach unserem irdischen Tod sind unsere hier getroffenen Entscheidungen in Ewigkeit ausschlaggebend und ihre Auswirkungen haben für immer Bestand. Hinter dem Vorhang gibt es keine Möglichkeit mehr, Buße zu tun, und Gottes Gnadengeschenk anzunehmen.

Falls du es noch nicht getan hast, möchte ich dich bitten, folgendes schlichte Gebet von ganzem Herzen und ernsthaft zu beten. Denn ...

Wenn du mit deinem Mund bekennst, dass Jesus der Herr ist und im Herzen glaubst, dass Gott ihn von den Toten auferweckt hat, wirst du gerettet. Römer 10:9 (Luther)

Empfange durch folgendes Gebet den Herrn Jesus in deinem Herzen:

Lieber Vater. Danke, dass Du mich liebst und nicht willst, dass auch nur ein Mensch verloren geht. Ich weiß, ich bin ein sündiger Mensch. Ich habe viele Fehler gemacht. Ich bitte dich jetzt um Vergebung meiner Schuld. Ich glaube, dass Jesus Christus Dein Sohn ist. Ich glaube, dass Er am Kreuz für meine Sünden gestorben ist und Du Ihn vom Tod auferweckt hast. Herr Jesus, komm jetzt in mein Herz. Setze Du Dich auf den Thron meines Herzens. Ich möchte Jesus als meinem Retter mein Vertrauen schenken und Ihm von diesem Tag an mein Leben lang folgen. Leite mein Leben, hilf mir, Deinen Willen zu tun und erfülle mich mit Deinem guten Heiligen Geist. Ich bete dies im Namen Jesu Christi.
Amen.

Lies folgende Bibelstellen: Matthäus 19:17; Johannes 14:6; Jesaja 65:13-19; Psalm 88:5; Sprüche 10:7; Psalm 31:12; Matthäus 22:32

DER TRAUM VON DEN VIER AUTOWÄSCHEN
UND EINE BEGEGNUNG MIT DEM ENGEL

Aber es ist ein Gott im Himmel, der Geheimnisse offenbart.

Daniel 2:28 (Luther)

Nach etwa einem Monat auf der Intensivstation träumte ich nachts Folgendes: Ich hatte mein Auto vollgetankt und wollte es anschließend waschen. Als ich auf den Mann zuging, der für die Waschanlage verantwortlich war, sagte dieser: „Es tut mir leid. Sie müssen ihr Auto vier Mal durch unsere Waschanlage fahren." Doch seltsamerweise sagte er, als ich zur Einfahrt fuhr: „Okay, das ist jetzt ihre vierte und damit letzte Wäsche." Beim Einfahren erkannte ich, dass die Waschanlage in Wirklichkeit eine Achterbahn war. Und ich saß im Wagen. Als wir den ersten Aufstieg nahmen und an der Anhöhe ankamen, spürte ich, dass meine Räder nicht mehr auf den Gleisen rollten. Offenkundig würde mein Wagen, sobald er abwärts raste, aus der Bahn geraten und entgleisen. Ich wäre sofort tot.

Die Abfahrt begann. Plötzlich und auf wundersame Weise schnellte wie aus dem Nichts unter den Gleisen ein silbernes Metallstück empor und brachte mein Auto langsam und ganz vorsichtig zum Stehen. Danach wurde mein Auto behutsam auf die Erde und zum Ende der Bahn befördert. Dann wachte ich auf. Diesen Traum konnte ich sofort interpretieren: Ich würde vier Todes- oder Nahtoderfahrungen erleben. Drei davon hatte ich bereits hinter mir. Aber der Traum sagte mir, dass mir noch eine Begegnung mit dem Tod bevorstünde.

Einmal dachte ich, das Erlebnis mit der Schwester, die mit mir ein paar Schritte lief und in deren Armen ich ohnmächtig wurde, war mein „viertes" Mal. Aber das war eine andere Episode. Später sagte man mir auf der Normalstation, dass ich aus ärztlicher Sicht „sicher mindestens zwei Mal tot" war. Das „vierte Mal" traf einige Tage nach dem Traum ein. Das weiß ich genau, denn diese Situation des Sterbens und Wiederkommens war sehr eindrücklich.

Und das sollte auch wirklich die vierte und letzte kritische und lebensbedrohliche Situation gewesen sein. Sie ereignete sich am Nachmittag des 27. August. Weder schlief noch schlummerte ich. Mir war etwas langweilig und ich bekam alles mit, was um mich herum geschah. Ich war bei vollem Bewusstsein. Dann passierte etwas.

Ich schloss die Augen, um nachzudenken. Wenige Sekunden später fühlte es sich so an, als schalte man den Fernseher aus. Tiefstes Schwarz. Nicht Dunkelheit, sondern Schwarz. Ich dachte: „Das ist komisch. Es ist doch ein sonniger Tag." Ich wunderte mich, warum es so dunkel war. Denn normalerweise spürt man das Licht auch mit geschlossenen Augen. Ich lag da und dachte weiter über dies und jenes nach. Aber tatsächlich hatte ich in diesem Moment aufgehört zu atmen. Alle Alarmsysteme an meinem Bett sprangen an, doch ich bekam nichts davon mit. Mir war auch nicht bewusst, dass ich nicht mehr atmete und die Alarmsysteme heulten. Aber in meinem Geist und in meinen Gedanken wusste ich noch immer, ich liege in einem Krankenhausbett, nur war alles so schwarz. Ich konnte nichts mehr hören oder fühlen. Meine Gedanken funktionierten allerdings weiter. Ich war mir meiner selbst immer bewusst.

Als Nächstes spürte ich plötzlich eine starke Kraft. Heute erinnert es mich an eine Szene aus dem Film „Bruce Allmächtig". Nachdem Bruce von einem LKW überrollt wurde, wurde er von Gott mit zwei Fingern wie mit einem Defibrillator geschockt und wieder auf die Welt zurückgeschickt. Für mich fühlte es sich so an, als würde ich vom Bett hochgehoben und mit aller Kraft zurück ins Bett geworfen, wo ich dann aufprallte und liegen blieb. Ich lag auf dem Rücken und war wieder bei Bewusstsein. Aber keiner war bei mir. Schließlich kam ein Arzt angerannt und rief: „Was ist los?" Ich antwortete nur: „Ich kann nicht atmen." In der Zeit, in der ich aufgehört hatte zu atmen, war meine Seele wohl auf dem Weg in den Himmel und wurde wieder zurückgeschickt. Mein Atem wurde buchstäblich wieder in meinen Körper zurückgesandt und ich fing wieder an zu Luft zu holen.

Dies ist dokumentiert. Mein Herz setzte an diesem Tag aus und wieder ein. Der diensthabende Arzt wollte meine Frau anrufen, weil sie dachten, ich sei in einem kritischen Zustand. Doch dann kam diese denkwürdige Erfahrung. Ich gehe davon aus, ein Engel hat mich wiederbelebt. Später sagte der Arzt zu meiner Frau: „Gott sei Dank. Sein Herz hat sich heute Nachmittag von selbst wieder angeschaltet, wir wollten sie schon anrufen".

Und ich wusste, dies stellte jetzt das vierte kritische Mal dar, und nun würde alles gut werden. Wencke und ich waren jetzt zuversichtlich, dass meine Tage auf der Intensivstation gezählt waren. Mir ging es noch lange nicht gut, doch ich war stabil und nicht mehr vom Tod bedroht. Die Reanimation durch den Engel erfolgte am Nachmittag des 27. August. Danach waren es nur noch 10 Tage und ich konnte von der Intensivstation entlassen werden.

RETTUNG DIREKT AUS DEM HIMMEL
WENCKE BATES

Meine Hilfe kommt vom Herrn, der Himmel und Erde gemacht hat. Psalm 121:2 (Luther)

Wie immer in dieser Zeit betete ich am frühen Morgen des 27. August besonders für meinen Mann. An diesem Vormittag sah ich – zwar sehr verschwommen, aber dennoch wahrnehmbar, wie ein Engel Mikes Herz reanimierte; wie mit einem Defibrillator mit zwei Stößen. Das war alles, was ich im

Gebet „wahrnahm" und es ging sehr schnell. Doch es war sehr deutlich.

Gegen Nachmittag wurde mir erlaubt, Mike zu besuchen. Bevor ich an sein Bett kam, hatte ich Gelegenheit für ein kurzes Gespräch mit einem Arzt. Er skizzierte mir, wie diffizil die Situation um Mike stand. Hätte das Team aus Spezialisten die Medikation, die das Herz aktuell stärken sollte, nur minimal erhöht, wären die Nieren in Gefahr gewesen. Und umgekehrt. Dabei fielen Sätze wie „Wir befinden uns in einer Sackgasse" und „Das ist ein Teufelskreis". Ich spürte auch, wie die Ärzte ihre ganze Kunst, ihr Wissen und ihr Wollen für die Lebenserhaltung meines Mannes einsetzten. Doch die Situation blieb verfahren. Dann hörte ich: „Wir wollten Sie schon anrufen, doch dann hat sich Gott sei Dank das Herz ihres Mannes von selbst wieder angeschaltet". Im selben Augenblick wusste ich, dies hatte der Engel getan, den ich morgens beim Beten wahrgenommen hatte. Es handelte sich um seinen Eingriff hier im Krankenhaus bei Mike.

Folgende sind zwei von vielen Botschaften, die ich am Vormittag an besagtem Tag zu unseren Betern schickte. Ich schrieb am 27. August 2020 – morgens um 7:16:

Mike hatte gestern Nacht erneut einen Zwischenfall. Das Herz galoppierte und sie mussten eine Sauerstoffmaske anlegen. Bekamen es in den Griff, sonst hätten sie mich wohl angerufen. Bitte betet, dass solche dramatischen Szenen jetzt seltener werden. Mikes Herz heilt am Herzen Gottes und „God is not finished with his life". Ich will ihn heute Nachmittag besuchen und betet, dass es klappt. Love & Segen und einen schönen Tag euch, Wencke

Und am 27. August um 21:44:

Der Arzt hat mir gerade erklärt, die Störung ging in der Nacht „von alleine" weg – und Mikes Körper hat es gewuppt. Ich hatte

heute beim Aufwachen, noch bevor ich Mike anrief, einen Engel gesehen, der Mikes Herz reanimierte. Das hatte ich in der ganzen Aufregung vergessen, euch zu schreiben. Sorry. Manchmal ist man so aufgeregt, dass man das Wichtigste vergisst. Strategie ist bei mir: Weniger Angst, mehr Vertrauen in Gott, den liebevollen Vater. Er handelt. Seine Heilungsengel sind unterwegs. Keine Unruhe – nur Frieden. Gott liebt uns. Ich gehe um 15:00 Uhr hin und nehme eure Lieder und Verheißungen mit zu Mike. He will be back. Schönen Tag euch.

EINE FRAGE DES FRIEDENS
WENCKE BATES

Denn ein Kind ist uns geboren, ein Sohn uns gegeben, und die Herrschaft ruht auf seiner Schulter; und man nennt seinen Namen: Wunderbarer Ratgeber, starker Gott, Vater der Ewigkeit, Fürst des Friedens. Jesaja 9:5

Rückblickend stelle ich fest: Bei fast jedem Besuch, der mir bei Mike gestattet war, fragte ich ihn: „Hast du Frieden?". Es war mir wichtig. Doch ich weiß nicht, wie genau sich diese Frage in meinem Innern gebildet hatte und warum. Wenn man danebensteht und das Leben des liebsten Menschen am seidenen Faden hängen sieht, wenn man miterlebt, wie er auf das Minimum reduziert wird: Im Krankenhausbett, angeschlossen an Monitore und Schläuche, und sein Körper ausschließlich durch Maschinen am Leben erhalten wird. Wenn dann der Druck steigt, werden meiner Meinung nach auch die eigenen Fragen zentraler. Was ist jetzt wirklich wichtig? Was braucht die Seele, um weiterzuleben. Ist es Besitz? Karriere?

„Hast du Frieden?" Jedes Mal stellte ich Mike diese Frage, meistens, bevor ich wieder gehen musste. Und immer sagte er mir „Ja". Ich kenne ihn gut genug, um zu wissen, dass das keine „aufgesetzte" oder „fromme" Antwort war. Und Folgendes ist schwer in Worte zu fassen. Doch ich konnte beobachten, dass ein Friede den Raum erfüllte; gerade dann, wenn ich die Hoffnungslosigkeit und Angst der anderen Patienten spürte. Ihre negativen Worte, die Sorge, die keinen Anker finden konnte. Die Hand, die ausgestreckt wurde, aber sie wussten nicht wohin. An wen kann ich mich wenden, wenn ich über Wochen mit einer schlimmen Krankheit konfrontiert bin, die mir wenig Aussicht auf Besserung lässt? Jedes Mal spürte ich während der Besuche neben der Sorge um Mike auch so etwas wie Trost und Hoffnung.

Haben oder nicht haben. Ist Jesus in meinem Herzen, habe ich auch den Frieden, der stärker und tiefer ist als all das, was mir über den Kopf zu wachsen droht. Ich war schon eine Weile lang Christ, doch in diesen Tagen auf der Intensivstation durfte ich den Vater im Himmel in einer mir bis dahin unbekannten Dimension erleben. Nie hat Er mich verlassen – und Mike auch nicht. Die Gegenwart des Herrn konnte man buchstäblich auf Mikes Gesicht ablesen. Sanfte Gesichtszüge, kein Groll und kein Ärger über das, was war und ist. Wir erlebten Gottes Gegenwart und waren einfach glücklich und dankbar zusammen zu sein.

FRIEDEN IM HERZEN
MIKE BATES

Mir ist noch wichtig, festzuhalten, wie ich den Frieden empfangen und erleben durfte, den Frieden, den nur Jesus geben kann. Die von Wencke erspürte Gegenwart Gottes im Krankenzimmer empfand auch mein Freund Holger. Und mit Seiner Gegenwart war auch Sein Friede bei mir und um mich herum. Jesu Freude gab mir Stärke. Damit sage ich nicht, dass diese Tage auf der Intensivstation immer einfach, bequem und schön waren, denn das waren sie nicht. Aber in und durch all diesem war die Gnade und der Friede Gottes erlebbar, den der Apostel Paulus in Philipper 4:7 beschreibt: Dieser Friede übersteigt jedes Verstehen und ließ es mich aushalten. Und ich bin fest davon überzeugt, diesen Frieden des Herrn kann jeder von uns erleben.

Vielleicht fragst du dich jetzt, von welchem Frieden ich rede. Wir können uns das einmal etwas näher anschauen. Viele kennen das hebräische Wort für Frieden: Shalom. Man kann die Bedeutung von Shalom so formulieren: Hier fehlt es an nichts, nichts ist kaputt, zerbrochen oder am falschen Platz. Ich finde es sehr spannend, dass Shalom vom Wort *shalam* kommt, was *wiederherstellen* und *aufbauen* bedeutet. Also bezeichnet Shalom per Definition Vollständigkeit, Ganzheit, Stabilität, Wohlergehen, Leichtigkeit, Gesundheit, Sicherheit, Gefahrlosigkeit und Schutz. Es ist Wohlergehen und Glücklichsein in Seele und Körper und in alldem, was zu uns gehört. Dasselbe finden wir beim Blick auf das griechische Wort für Frieden: eiréné (i-ray'-nay). Eiréné weist auf Ruhe, Ausruhen und Erholen hin und einen Zustand von Gelassenheit. Gleichbedeutend mit Shalom erzählt uns Eiréné von Glücklichsein, Freude, innerem Frieden und Gesundheit sowie Wohlergehen für jeden Menschen.

Friede ist eine Eigenschaft, die in Gottes Gnade zu finden ist. Genau wie Heilung, ist auch dieser Friede ein Teil unserer Errettung. Jesus selbst ist unser Friede. Denn, so wie Er den Namen „Prinz des Friedens" trägt, ist Er auch der Ursprung des Friedens (Jesaja 9:6). Er ist Shiloh „Ruhe", der, welcher kommen soll, wie wir in 1. Mose 49:10 lesen. In Ihm haben wir den Frieden, den Er uns gegeben hat (Johannes 16:33; 14;27). Also ist Friede eine Frucht, die aus der Kenntnis Jesu entsteht. Sie wächst heran, wenn wir dem Heiligen Geist erlauben, unsere Herzen und unsere Gedanken zu füllen und uns damit beschäftigen, das Wort Gottes von Herzen gut zu kennen und wertzuschätzen (Epheser 6:15).

Sorgt euch um nichts, sondern in allen Dingen lasst eure Bitten in Gebet und Flehen mit Danksagung vor Gott kundwerden! Und der Friede Gottes, der höher ist als alle Vernunft, wird eure Herzen und Sinne bewahren in Christus Jesus. Philipper 4:6-7 (Luther)

Diese bekannte Bibelstelle drückt aus, dass der Friede Jesu unsere Herzen und Gedanken beschützt. Dies geschieht, wenn wir anhaltend im Gebet sind, und der Angst, Sorge und Furcht verbieten, unsere Gedanken zu beherrschen. Gemäß Paulus sollen wir in unseren Gedanken nicht geteilter Meinung und damit abgelenkt sein. Wie ist das möglich? Ich denke, dies gelingt, wenn wir Gottes Wort immer besser kennen und auf Seinem Wort im Glauben stehen (Jakobus 1:6-8).

Mit dieser Wahrheit im Herzen möchte ich auch noch auf Kolosser 3:15 verweisen. Hier lernen wir, dass wir die Wahl haben. Somit ist es unsere Entscheidung, ob wir dem Frieden Jesu erlauben, in unserem Herzen zu regieren. Besteht also in unseren Gedanken und in unserer Seele ein Konflikt, müssen wir die Wahl treffen und aktiv den Herrn darum bitten, in unserem Herzen zu regieren. Das ist möglich, indem wir Ihm voll vertrauen. So können wir den himmlischen Frieden in Empfang nehmen, den Er für jene zur Verfügung stellt, die ihr Herz und ihren Sinn komplett auf Ihn ausgerichtet haben.

Wer festen Herzens ist, dem bewahrst du Frieden; denn er verlässt sich auf dich. Jesaja 26:3 (Luther)

HARTNÄCKIGER GLAUBE

Kämpfe den guten Kampf des Glaubens. 1. Timotheus 6:12 a (Luther)

Ich hörte den Herrn sagen: „Ich gebe dir die Erlaubnis, meinen Thronraum so zu bestürmen, wie die bittende Witwe den ungerechten Richter bestürmt hat. Du musst kämpfen wie die Witwe. Du wirst eine Situation durchleben, in der du keine Kompromisse eingehen kannst und in der du, ohne zu schwanken auf meinem Wort stehen musst. Ein harter Kampf wird auf dich zukommen. Ein sehr, sehr harter Kampf."

So lauteten etwa die Worte, die ich knapp zwei Wochen vor dem Herzinfarkt empfangen hatte. Da wusste ich noch nicht, dass es sich um eine gesundheitliche Krise, einen Kampf um Leben und Tod handeln würde.

In Gottes Worten steckte allerdings die Dringlichkeit, dies auch meiner Frau mitzuteilen, dass auch sie im Kampf stehen muss. Sie musste informiert, aber nicht entmutigt sein. Gott gibt uns die Erlaubnis, Tag und Nacht zu Ihm zu schreien, was genauso wichtig für sie war. Doch für was schreien? Und um welchen Kampf handelte es sich? Gott sagte: „Mike, es gilt zu kämpfen, egal, wie lange es dauert." Es dauerte Wochen und Monate und noch immer bin ich im Prozess alles zu verarbeiten, was wir in diesen Zeiten durchlebt haben. Ich bin noch immer nicht hundertprozentig gesund. Gerne möchte ich dir, dem Leser, das Potenzial nahebringen, das in Lukas 18 steht und die Überschrift die „Bittende Witwe" trägt.

Er sagte ihnen aber ein Gleichnis davon, dass man allezeit beten und nicht nachlassen sollte, und sprach: Es war ein Richter in einer Stadt, der fürchtete sich nicht vor Gott und scheute sich vor keinem Menschen. Es war aber eine Witwe in derselben Stadt, die kam immer wieder zu ihm und sprach: Schaffe mir Recht gegen meinen Widersacher! Und er wollte lange nicht. Danach aber dachte er bei sich selbst: Wenn ich mich schon vor Gott nicht fürchte noch vor keinem Menschen scheue, will ich doch dieser Witwe, weil sie mir so viel Mühe macht, Recht schaffen, damit sie nicht zuletzt komme und mir ins Gesicht schlage. Da sprach der Herr: Hört, was der unge-

rechte Richter sagt: Sollte aber Gott nicht Recht schaffen seinen Auserwählten, die zu ihm Tag und Nacht rufen, und sollte er bei ihnen lange warten? Ich sage euch: Er wird ihnen Recht schaffen in Kürze. Doch wenn der Menschensohn kommen wird, wird er dann Glauben finden auf Erden? Lukas 18:1-8 (Luther)

In diesem Text stehen mindestens drei Dinge, die ich erlebt und hoffentlich auch gelernt habe.

*Etwas oder jemand stellt sich dem entgegen,
das dir rechtmäßig zusteht.*

Möglicherweise braucht die Lösung Zeit und es könnte sogar wie eine Verzögerung erscheinen.

Gib niemals auf! Das Gleichnis von der bittenden Witwe erzählt von einem guten Kampf des Glaubens. Er wird im Gebet entschieden. Dieses Gebet steigt auch dann noch auf, wenn Angriffe, Feindseligkeiten und Entmutigungen niederprasseln und sich länger hinziehen. Mit anderen Worten: Hier geht es um hartnäckige, beharrliche Gebete, die mit Dringlichkeit und Durchhaltevermögen einhergehen und unnachgiebig sind. Dieser Gebetskampf gibt nicht auf, verliert nicht die Hoffnung, geht keine Kompromisse ein und gibt sich nicht der augenscheinlichen Situation, den herrschenden Fakten und Umständen hin. Er hält stur daran fest, dass Gottes Wille, wie in meinem Fall, Heilung ist. Das Thema Glaube ist umfassender und nicht nur auf den Bereich der Heilung anzuwenden. Glaube hat mit allem zu tun, was das Reich Gottes betrifft.

Als Erstes möchte ich dem nachspüren, was Glaube eigentlich ist und was nicht.

Der Glaube aber ist eine Wirklichkeit dessen, was man hofft, ein Überzeugtsein von Dingen, die man nicht sieht. Hebräer 11:1 (Luther)

Wahrer Glaube ist in Gottes Wort begründet, in Seinem erklärten Willen und in Seinem Versprechen.

WAS IST KEIN GLAUBE?

Glaube ist weder eine Vermutung, eine Annahme, ein schöner Wunsch oder gar eine Anmaßung. Beim Glauben geht es nicht um den eigennützigen Willen oder um selbstsüchtige Absichten. Er ist auch kein Versprechen oder ein Wort, das Gott an einen anderen gerichtet hat. Wir erinnern uns: Gott wies die Ägypter nicht an, durch das Rote Meer zu ziehen wie zuvor die Israeliten. Als sie es dennoch versuchten, wurde es ihnen zum Verhängnis und sie ertranken (Hebräer 11:29). Aber Gott befahl den Israeliten durch das Rote Meer zu ziehen und das Befolgen dieses Wortes wurde ihnen zur Rettung.

Glaube ignoriert nicht die Fakten oder leugnet gar die vorherrschende Situation. Glaube kann allerdings die Antwort oder die Erfüllung des Wortes Gottes und das von Ihm einge-löste Versprechen sehen, bevor es im Natürlichen erscheint und sichtbar ist.

Glaube lebt in Erwartung, ist eine Symphonie aus Hoffnung und Vorfreude und gründet sich auf Hoffnung. Hoffnung wiederum bedeutet auch immer Erwartung, dass das Geglaubte geschieht. Eine alte Weisheit sagt: Du bekommst das, was du erwartest, was du im Herzen glaubst (Sprüche 23:7, Markus 9:23, Johannes 11:40).

In der Bibel lesen wir, dass Glaube eine Substanz oder ein Wirkstoff ist. Er ist die Sicherheit in Gottes Versprechen, auch und gerade dann, wenn die Auswirkungen und die Erfüllung noch nicht zu sehen sind. Wir können sicher sein, alles zu empfangen, was uns rechtmäßig gehört. Alles, was der HERR in Seinem Wort verspricht und von Jesus mit Seinem Blut erkauft wurde. Es steht uns zur Verfügung.

Glaube fokussiert sich nicht auf den Augenschein und analysiert dementsprechend auch nicht. Er basiert nicht auf Annahmen, noch verliert er sich in leeren Diskussionen und Debatten und sagt nicht: „Was, wenn es nicht funktioniert?" Glaube wird oft dann geprüft, geläutert und als echt erkannt, wenn er im Gegensatz zum Augenschein steht, was man mit den natürlichen Sinnen beobachtet und wahrnimmt. Dabei sind negative Erfahrungen der Vergangenheit eingeschlossen, sowie betrübliche Diagnosen oder schlechte Prognosen. So, wie meine Frau sagte: „Viele wünschen sich ein Wunder. Doch oft vergessen wir, dass einem Wunder meist eine unmögliche Situation vorausgeht." Und in einer solch menschlich gesehen unmöglichen Situation braucht es Glaube und Vertrauen. Glaube beweist sich oft darin, dass man glaubt und auch bekennt, was dem vor Augen Stehenden widerspricht. Manche sehen es dir an, wenn du glaubst, und finden es vielleicht komisch, unlogisch oder sogar närrisch. Andere, die auch im Glauben leben wollen, wird es vielleicht inspirieren, auch und gerade, wenn sie herausgefordert sind, für ihre eigenen Anliegen im Glauben zu stehen.

So oder so: Glaube ist kein Spaziergang im Park. Glaube ist ein Kampf, eine Schlacht, ein Krieg.

Kämpfe den guten Kampf des Glaubens. 1.Timotheus 6:12a

Glaube wird herausgefordert und getestet (Jakobus 1:3), ist oft ein Ärgernis für die eigenen Gedanken und den eigenen Verstand. Dieser Provokation müssen wir mit dem Wort Gottes und mit Gebet begegnen. Glaube beinhaltet auch die Entscheidung ohne Zweifel und Wankelmütigkeit zu glauben (siehe Jakobus 1:6-8).

Der Kampf des Glaubens ist ein guter Kampf. Dabei sollte man aber beachten: Satan hasst den Glauben der Kinder Gottes. Er wird jede seiner Waffen einsetzen: die Umstände nutzen und vielleicht sogar Menschen, die es von Herzen gut meinen, um deinen Glauben zu untergraben. Satan und seine dämonischen Helfer versuchen, deine Gedanken um innere und äußere Argumentationen und Fragen kreisen zu lassen und dich mürbe zu machen. Einige dieser Taktiken, dieser „feurigen Pfeile" sind:

Was ist, wenn es nicht funktioniert?

Mitunter mag diese Frage vielleicht sogar logisch klingen, denn wir alle kennen sicher Fälle, in denen wir für eine Person gebetet haben und sie ist dennoch gestorben. Wir alle möchten Antworten auf Fragen. Mitunter wünschen wir uns eine Formel für beantwortetes Gebet. Mir ist wichtig geworden, in das Wort Gottes zu schauen, um zu erfahren, wie Jesus Krankheiten begegnet ist, mit denen Er konfrontiert wurde. Im Wort Gottes erfahre ich immer wieder Ermutigung, um für Heilung zu beten und dann auch diesen Pfeil abzuwehren, der fragt: „Was ist, wenn es nicht klappt."

Weitere solcher Entmutigungs-Pfeile können sein:

- **Ist Heilung wirklich Gottes Wille?**
- **Ist jetzt der Punkt erreicht, an dem ich aufhöre für Heilung zu beten?**
- **Gott ist doch souverän. Mal heilt Er – mal eben nicht. Daher sollten wir erst gar nicht beginnen, für komplette Heilung zu beten.**

DIE SOUVERÄNITÄT GOTTES

Das Verständnis über die Souveränität Gottes sollte an dieser Stelle angesprochen werden. Dass Gott souverän ist, ist die

Wahrheit. Aber viele Gläubige unterschätzen, dass Satan diese Wahrheit als eine effektive Waffe nutzt, die uns daran hindern kann, unsere Heilung im Empfang zu nehmen. Gottes Wort, eine Wahrheit daraus, oder eine Teilwahrheit über Gott und sein Wort wird Satan dahingehend instrumentalisieren, um jeden Menschen vom Gebet für Heilung, vom Glauben und von eigener Verantwortung abzuhalten. Er nutzt die Tatsache der Souveränität Gottes zur Verfolgung seiner eigenen Ziele und Absichten. Sein erklärtes Ziel kennen wir alle: Er kommt als Dieb, um zu töten, zu stehlen und zu zerstören.

Und so verwendet er mitunter diese Wahrheit als ein Samenkorn des Zweifels und Unglaubens, das dann wiederum Frucht bringt. Zum Beispiel: Wir haben in unseren Herzen und Gedanken verankert, dass Gott souverän ist. Und das stimmt. Doch Satan – als Meister der Verführung - setzt diese Wahrheit ein, um uns im schlimmsten Fall in passivem Denken und passivem Verhalten verharren zu lassen. Als Ergebnis unterwerfen wir uns womöglich der Krankheit – oder auch einer anderen negativen Situation, die sich in unserem Leben auftürmt. Und dann kann es zu Glaubenssätzen kommen wie: „Wenn es Gottes Wille ist, wird Er mich heilen."

Wird das Problem deutlich, von dem ich spreche? So hat Satan schließlich Erfolg darin, in uns den wirklichen Willen Gottes, Sein Motiv, Sein Herz und Seine Absichten in Frage zu stellen. Dann wird es ein leichtes, dass wir enttäuscht werden, sobald sich nach einem Gebet nichts oder scheinbar nichts an der Situation verändert – oder die Lage vielleicht noch schlimmer wird. Als Resultat kreisen die Gedanken und die Fragen in einer Endlosschleife. Unglücklicherweise ist das Resultat dann falsche Schlussfolgerungen und am Ende die Fehlinterpretation von Gott. Satan überzeugt uns nicht nur davon, Gott in Frage zu stellen, sondern von Ihm enttäuscht zu sein – und sich sogar von Ihm verraten zu fühlen. Und wenn wir nicht vorsichtig sind, werden wir an diesem Punkt Gott auf die Anklagebank setzen.

Siehst du jetzt das Problem? Ohne es zu wollen, haben wir uns damit selbst auf den Thron gesetzt.

Ich möchte damit keinesfalls sagen, es sei immer unser Fehler, wenn wir beten und glauben und sich dann die Dinge nicht zum Positiven wenden, wie wir es erhofft haben. Solange wir auf dieser Erde sind, werden wir vieles nie aufklären oder verstehen. Und ich möchte auch in keiner Weise richten oder jemanden auf selbstverdammende Gedanken bringen. Denn auch der Schreiber des Hebräerbriefs sagt im Kapitel 11, dass viele geglaubt haben – und dabei nicht die Erfüllung dessen erlangt haben, an und für was sie geglaubt haben. Aber lasst uns nicht vergessen: Jesus hält nach Glauben Ausschau! Ohne Glauben ist es unmöglich Gott zu gefallen. Und, wenn wir am Glauben festhalten– wenn wir alles getan haben, was wir konnten, dann stehen wir. Und nach Epheser 6:13 wird es eines Tages eine Belohnung dafür geben.

Zuletzt noch folgender Gedanke hierzu: Satan hat Eva dadurch versucht, dass er Gott und dessen guten Absichten in Frage stellte. Er versuchte Jesus in Sünde hineinzuziehen und legte Gottes Wort falsch aus. Und, wie in jeder Schlacht, besonders wenn es um Heilung geht, streute Satan die alten und „erfolgsversprechenden" Worte ein: „Sollte", „Wenn", „Wirklich", „Hat Gott tatsächlich gesagt?" „Meint Er es auch?". Er wird es dahingehend nutzen, dass du zu früh aufgibst. Dass du aufgibst, Gottes Wort im Glauben zu bekennen und auszusprechen und dir seine Verheißungen im Glauben vor Augen zu halten. Erinnere dich an die Wahrheit, die der Apostel Petrus aufgeschrieben hat: In Seinen Wunden wurdest du geheilt. Es steht sogar hier in der Vergangenheitsform. Es ist schon geschehen. Es ist vollbracht. Wir dürfen unsere Heilung im Glauben empfangen.

Gott hat diese Krankheit oder Situation geschickt, damit ich a) bestraft werde b) mir eine Lektion erteilt wird.

Es gibt immer auch Konsequenzen, die auf schlechte Entscheidungen folgen (wie wir essen, ob wir Sport treiben, usw.). Dabei müssen wir aber sehr vorsichtig sein, damit wir nicht die Güte Gottes und Seinen Heilungswillen in Frage stellen.

Weitere solcher Pfeile können Sorgen sein, sich mit den schlechten Diagnosen eins machen, ihnen übermäßig Raum geben, gedanklich zustimmen und sich auf sie einlassen. Und als letztes: Satan setzt alles daran, dich durch anhaltende Belästigungen verschiedenster Art abzulenken.

WAS GLAUBST DU?

„Lass mich an Dich glauben, wie Abraham es tat … was kann dem geschehen, der solchen Glauben hat?" Dieses Kinderlied sang meine Frau als Kind. Beim Blick auf Abrahams Glauben wird deutlich, dass sein Glaube in Gott und Gottes Verheißungen das Fassungsvermögen unseres Verstandes übersteigt. Denk mal: Abraham besaß nichts von dem, worauf wir uns heute stützen und berufen können: Das geschriebene Wort Gottes, christliche Glaubenslehren, Beweise durch Zeichen, Wunder und Kraftwirkungen Gottes und das glaubhafte Zeugnis von Menschen, welche die Taten Gottes und Wunder bekennen. Sein Leben fand weit vor dem größten Sieg in der Weltgeschichte statt: Nämlich Jesus, der Messias, ist für uns am Kreuz gestorben und nach drei Tagen wieder auferstanden.

Interessanterweise teilt uns Jesus in Johannes 8:56 mit, wie Abraham sich freute, *als er* dies *sah* (im griechischen Kontext heißt es sogar: Abraham sah es mit seinen eigenen Augen; im

hebräischen Kontext bedeutet es, etwas zu erleben - in diesem
Fall Gottes Gnade und Gunst).

Ich glaube, der Herr verbarg folgendes Geheimnis in der
Vision, die ich schauen durfte. Abraham war 100 und Sarah 90
Jahre alt, als Isaak geboren wurde. Noch bevor somit Isaak, der
Sohn der Verheißung, gezeugt war, erfuhr Abraham, dass Gott
ein Gott des Auferstehungslebens ist und dass bei Ihm alles
möglich ist.

DER SOHN DER UNMÖGLICHKEIT

**Durch den Glauben empfing auch Sara, die unfruchtbar war,
Kraft, Nachkommen hervorzubringen trotz ihres Alters; denn sie
hielt den für treu, der es verheißen hatte. Darum sind auch von dem
einen, dessen Kraft schon erstorben war, so viele gezeugt worden
wie die Sterne am Himmel und wie der Sand am Ufer des Meeres,
der unzählig ist.** Hebräer 11:11-12 (Luther)

**Und er wurde nicht schwach im Glauben, als er auf seinen eigenen
Leib sah, der schon erstorben war, weil er fast hundertjährig war,
und auf den erstorbenen Mutterschoß der Sara.** Römer 4:19 (Luther)

Abraham stand vor dem Abenteuer seines Lebens. Wenn die
Fortpflanzungsorgane nicht mehr funktionstüchtig sind, ist die
Erfüllung des Versprechens auf natürliche Weise unmöglich.
Doch bald schon würden er und seine Familie erfahren, dass
bei Gott alles möglich ist (Lukas 1:37). In Isaaks Geschichte
fallen mir die Worte „Lachen", „Wiederherstellung", „Auferstehung" und Erneuerung der Stärke auf. Isaak war buchstäblich
der Sohn eines Wunders. Ein Wunderkind!

Er war der Sohn der Unmöglichkeit, der Sohn der Wunder-
wirkung. Und Sara lachte. Denn das alles klang verrückt und
absurd. Doch Isaaks Geburt und sein Leben folgten einem

göttlichen Versprechen. Hier verbarg sich ein göttlicher Plan. Isaak musste auf die Welt kommen und sollte leben. Nur so konnte Gottes Versprechen wahr werden und somit später auch die Rettung der Menschheit durch Jesus. Damit Isaak zur Welt kommen konnte, brauchte es ein übernatürliches Eingreifen. Was hier in der Bibel berichtet wird, widerspricht komplett jedem Naturgesetz. Ein Paar kann in einem solchen Alter kein Kind mehr zeugen. Punkt. Aber so lieferte Gott den Beweis, dass es allein Sein Werk war.

Doch, noch einmal: Das Wunder konnte nicht ohne Auferstehung von dem wirksam werden, was im Körper abgestorben war und eine Krafterneuerung erfahren musste. Zunächst erfuhr Saras Gebärmutter Auferstehungsleben. Das geschah, als Abraham und Sara in Kontakt mit Gott kamen, der fraglos einen natürlichen Alterungsprozess außer Kraft setzen und sogar Organe in jugendlichen Zustand versetzen kann. Doch waren Vertrauen und Glaube in Aktion erforderlich, damit ihre Zukunft beginnen konnte. Und dann kam der Test. Abraham sollte seinen Sohn, den Sohn der Verheißung, opfern. Sicherlich war dies der größte Test seines Lebens. Gemäß der Bibel wusste Abraham tief in seinem Herzen, selbst wenn Isaak stürbe, würde sich Gott wieder beweisen. Er würde versorgen, auferwecken und die Situation umkehren. Das ist Gottes Herz und Charakter.

Abraham wird auch als Freund Gottes bezeichnet. Ich stelle mir gern Folgendes vor: Abraham kannte Gott so gut, dass er im Vertrauen auf Ihn bereit war, sich gehorsam auf den Weg zu machen, den Sohn der Verheißung zu opfern. Sein Gott würde die Situation verwandeln und sogar vom Tod erwecken.

Durch den Glauben hat Abraham den Isaak dargebracht, als er versucht wurde, und gab den einzigen Sohn dahin, als er schon die Verheißungen empfangen hatte, von dem gesagt worden war: »Nach Isaak wird dein Geschlecht genannt werden.« Er dachte: Gott

kann auch von den Toten erwecken; als ein Gleichnis dafür bekam er ihn auch wieder. Hebräer 11:17-19 (Luther)

So wundersam dieses Ereignis schon war, geht es doch noch weiter. Und da stimme ich mit vielen in ihrer Annahme überein, dass Abraham in einer Vision die Kreuzigung Jesu sah. Er nannte den Ort, an dem die Opferung seines Sohnes geschehen sollte: „Adonai Yirah – Gott wird versorgen", „Der Berg des Herrn – Es wird gesehen werden". Diese Stätte ist der gleiche Berg, den viele für den Ort der Kreuzigung Jesus halten. In Johannes 8:56 (Luther) sagt Jesus:

Abraham, euer Vater, wurde froh, dass er meinen Tag sehen sollte, und er sah ihn und freute sich.

Ich möchte uns an dieser Stelle ermutigen mit der sinngemäßen Weitergabe von dem, was Rabbi Jason Sobel in seinem Buch *„Aligning with God's Appointed Times"* über die Geschichte von Abraham und Isaak aus 2. Mose 22 sagt. Das Widderhorn ist ein Symbol für Versorgung. Mit dem Schofar wird an jedem Rosh Ha-Schana verkündet, dass Gott versorgt. Es wird dabei ausgerufen, wir können Gott vertrauen, dass Er uns auch in Zukunft versorgt und Seine Versprechen einhält. Isaak steht hier für die Zukunft des Versprechens an Abraham.

Sobel geht in seiner Auslegung noch weiter. Das Blasen des Schofar an Rosh Ha-Schana (Widderhorn) bedeutet auch, „Gott atmet über uns" und abgestorbene Bereiche in uns werden auferweckt. Sobel bezieht sich damit auch auf tote und geplatzte Träume, verzögerte Hoffnungen und Pläne, die sich nicht erfüllten.[2]

---

2 Vgl. **Aligning With God's Appointed Times: Discovering the Prophetic and Spiritual meaning of the Biblical Holidays**, Copyright 2020 by Rabbi Jason Sobel - RJS Publishing, S. 91, 92, 104

Ich glaube, der Herr wollte mir mit meiner Vision im Krankenhaus etwas über das Thema Auferstehung mitteilen. Und zwar auf eine umfassende Weise. Zunächst einmal im wörtlichen Sinne: Hier geht es um tote Körperteile, insbesondere um die Auferstehung meines toten Herzens. Zweitens ist die geistliche Sichtweise wichtig, die auch für jene mit einem gesunden Herzen gilt. Ich bin der Überzeugung, jetzt ist die Zeit für die Auferstehung der Isaaks gekommen. Es ist Zeit für die Erfüllung des dir von Gott gegebenen Versprechens und die Zeit, das Erbe anzutreten.

UMARME DAS WORT GOTTES

Himmel und Erde werden vergehen; aber meine Worte werden nicht vergehen. Matthäus 24:35 (Luther)

Weil Abraham, der Freund Gottes, einen solch großen Glauben hatte, der sich im Gehorsam ausdrückte, sah er nicht nur mit seinen eigenen Augen etwas, sondern machte auch eine konkrete Erfahrung. Diese persönliche Erfahrung wäre in seinem Alter unmöglich gewesen. Wir wiederum, die wir jetzt leben, wissen aus dem Wort von Paulus aus Epheser 2:8, dass wir durch Glauben, also durch Gnade gerettet sind. *Gerettet.* Dieses Wort sollte man in der Tiefe verstehen. Als Christen haben wir manchmal die Tendenz, dabei stehen zu bleiben, dass sich die Errettung ausschließlich auf die Zeit nach dem Tod und auf das ewig sichere Zuhause bei Gott bezieht. Aber per Definition geht sie weit darüber hinaus. Rettung, das griechische Wort *soteria* beinhaltet Begriffe wie: Wohlergehen, Erfolg, Rettung, den Erhalt von guten Dingen, Sicherheit. Es ist eine Ableitung vom griechischen Wort *sozo*, das wiederum heilen, wiederherstellen und erstatten bedeutet.

Jesus und der Heilige Geist haben uns im Neuen Testament Schlüssel gegeben, wie der Glaube zu unseren Gunsten wirkt. Matthäus 7:7-11 zeigt beispielsweise, dass wir bitten, suchen und anklopfen sollen. Hier tritt der Begriff „hartnäckig" wieder in Erscheinung. In Hebräer 11 lesen wir sowohl die Definition von Glauben und die Beispiele für Glauben. Hier geht es darum, das (noch) nicht sichtbar zu erfassen. Diese Sicherheit haben wir in Gottes Wort und in Seinen Versprechungen, egal, was die Umstände oder die Situationen uns einflüstern wollen. Wir sollten die Verheißungen und Versprechen Gottes umarmen, zunehmend auch hartnäckig und niemals aufgeben. Und wir sollten Seine Versprechen mit unserem Mund aussprechen; alle Versorgungen, die Jesus am Kreuz für uns erkauft hat. Unsere Errettung gilt schon für diese Zeit, für das jetzige Leben.

RETTUNG STECKT IN SEINEM NAMEN

Jeschuah oder Jeschua bedeutet auf Hebräisch: *Der Herr ist Rettung*. In Deutsch ist es der Name JESUS. Sein Name ist also von seiner Ursprungsbedeutung her genau das, was ER ist und tut. So drückt Sein Name auch Sein Wesen aus: Rettung, Gesundheit, Wohlergehen, Sieg, Befreiung. In Psalm 91:16 schreibt der Psalmist an die, welche den Herrn lieben, dass ER ihnen Seine Rettung zeigen wird. Rettung ist eine Person: Jesus.

Ich freue mich immer, wenn ich die Wurzel des hebräischen Wortes *raah* betrachte. Es bedeutet, „die, die ihn lieben, werden Seine Rettung schauen". In der reichhaltigen Wortbedeutung steckt auch „etwas kennen", „etwas wissen" und „etwas erleben". Diesen Wortstamm entdecken wir wieder, wenn Abraham den Ort benennt, an dem Gott das „Ersatz"-Opfer bereitgestellt hat. Der Herr wird versorgen, Er wird auftauchen und ein Lamm bereitstellen. Er wird selbst als Lamm bereitstehen. Und auf dem Berg, dem Berg des Herrn, soll es bereitgestellt werden.

In diesem Wort verbirgt sich auch, dass der Herr selbst auftaucht. Wie schon erwähnt: Abraham sah und erlebte etwas, das als Resultat seines Glaubens und Gehorsams eintrat. Und dies ist dir und mir ebenfalls zugänglich. Wir haben Zutritt zu allem, was auf dem „Berg des Herrn" gesehen und demonstriert wurde und als Versorgung für uns stattfand. Ich spreche von dem Ort, an dem Jesus am Kreuz hing. Dort hat uns Jesus Seine Liebe erwiesen. Und wir Ihm im Gegenzug unsere Liebe erweisen, können wir Seinen Namen anrufen und Schutz in Zeiten von Gefahr, Plagen und Unruhen erleben. Wir haben Zugang zu Befreiung, Beschütztsein und Gesundheit. Dabei möchte ich unser besonderes Augenmerk auf unseren Zugang zu tiefer Zufriedenheit lenken. Wir dürfen nicht nur erwarten, dass der Herr für unsere täglichen Bedürfnisse sorgt, sondern haben auch die Möglichkeit, heil und zufrieden ein erfülltes und glückliches Leben zu führen. Dieses Leben überwindet in Schwierigkeiten und ist über unsere Vorstellungskraft hinaus überfließend. Von diesem Leben spricht Jesus in Johannes 10:10. Und erinnern wir uns gegenseitig daran: Jesus wünscht sich nicht nur, dass wir Freude haben, sondern sogar, dass wir Freude in Fülle haben (Johannes 15:11; 16:24).

Ich stelle es mir gern so vor: Der Herr hat uns mit Seinem Tod am Kreuz und Seiner Auferstehung einen herrlichen Tisch bereitet. Wie bei einem Buffet sind auf diesem Tisch alle Errungenschaften Seines Erlösungswerkes herrlich ausgebreitet. Darunter sind Heilung, Errettung, Freiheit von Sünde, Befreiung, Versorgung und vieles mehr. Bei einem Buffet kann man frei wählen und Jesus bietet uns von allem an. Leider legen wir aus Unwissenheit oder durch Vorurteile und falsche Lehre nur das ein oder andere Gericht auf unsere Teller. Aber Jesus bietet alles auf den Tisch an und wir können und dürfen von allem nehmen. Er freut sich sehr, wenn wir es dann nehmen.

GEDANKEN VOM SCHLACHTFELD
MIKE BATES

Der Herr wird für euch streiten ...   2. Mose 14:14 (Luther)

Nicht lange nach meiner Herz-OP zeigte mir Gott einen verletzt auf einem Schlachtfeld liegenden Menschen. Es war eine äußerst schwierige Situation. Diese Person konnte sich selbst nicht helfen und war komplett auf Hilfe von anderen angewiesen. Ich verstand das Bild: Dieser Mensch bin ich! Gleich zu Beginn der Krise auf der Intensivstation war uns wichtig, den Kreis derer, die mit in den direkten Kampf zogen, klein zu halten. Der Herr hatte dazu klar gesprochen: „Es gibt jene, die Glauben haben und jene, die nur denken, dass sie glauben." Im Krankenhausbett liegend verstand ich diese Worte wie folgt: Du darfst in den Nahkampf Menschen mitnehmen, die Glauben für das Schlachtfeld haben, auf dem du dich gerade befindest, für die unmögliche Situation, in der du steckst." Ohne Glauben können wir keinen Krieg gewinnen (siehe die Geschichte von Gideon – 5. Mose 20:8, Richter 7:3,5; 1. Samuel 30:10, 21).

Es ist wichtig, Menschen zu kennen, die schwere Kämpfe oder auch jeden anderen Kampf mit ausfechten. In einem intensiven Kampf kannst du oft schwer verletzt werden. Ängstliche und zweifelnde Menschen mit der Neigung, nur auf die Umstände zu sehen, können deinen Sieg torpedieren, ohne es zu wissen und meist ohne böse Absicht. Auch gut gemeinte aber schluss-endlich entmutigende Worte können Geist und Seele schwä-chen. Man sollte seine Kameraden gut kennen, die mit im Krieg sind. Man erkennt sie an ihrem Glauben und der drückt sich in ihrem Lebensstil aus. Ein gutes Beispiel dafür ist die Geschichte der „unaufhaltsamen" Freunde, die den lahmen Mann zu Jesus bringen (Markus 2:4). Es ist wichtig, solche Freunde zu haben, die dich in kritischen Situationen, und wenn du selbst zu schwach bist, tragen können. Ich wünsche dem Leser solche Freunde mit dem Mut, dich zu Jesus zu bringen. Immer wieder, und koste es sie, was es wolle.

EIN PAAR WORTE ZUM MITLEID

Jesus hatte Mitgefühl mit den Menschen **und** heilte sie (Matthäus 14:14). Mitgefühl drückt sich in dem starken Wunsch aus, das Leiden des anderen zu lindern.

Auch Mitleid hat seine Stunde, seine Zeit und seine Wirksamkeit. Reines Mitleid kann allerdings zur Zustimmung über die leidvolle Situation führen. Zur falschen Zeit angewandt kann es bewirken, dass man die Situation und die Umstände hinnimmt und nicht mehr über sie hinaussehen oder glauben kann. Dann schwindet die Hoffnung und Hoffnungslosigkeit wird zu einem attraktiven Angebot. Doch das kannst du dir in einer solchen Zeit nicht leisten. Eine gefährliche Nebenwirkung von Mitleid kann das Untergraben von Hoffnung und die Minderung des Glaubens sein.

Mitleid mag sich für die Seele gut anfühlen und wird gefährlich, wenn es zur Unterwerfung in die schlimme Lage ermutigt.

Stehst du aktuell in einem Glaubenskampf? Dann rate ich dir, dein Ohr solchen Menschen zu leihen, die über die Not in der Krisensituation hinweg hoffnungsvoll in die Zukunft schauen und dir Worte Gottes zusprechen. Ich nenne sie „Trotzdem-Menschen". Meine Freundin Manu hat zum Beispiel oft für mich gebetet: „Don't give up Mike". „Gib nicht auf". Vielleicht gibt es sogar nur wenige solcher Trotzdem-Menschen in deinem Leben. Das macht nichts. Erinnern wir uns an die Geschichte, als Jesus die Tochter von Jairus vom Tod erweckte. Nicht jeder durfte sich dort mit Ihm im Zimmer aufhalten *(Markus 5:22-23, 35-43).*

Ich erinnere uns: Glaube ist hartnäckig und erfordert Geduld, Ausdauer und Durchhaltevermögen (Jakobus 1: 3-4; Hebräer 6:12; Römer 8:25). Denn gemäß Römer 5:5 geht Hoffnung nicht ins Leere und lässt uns nicht enttäuscht und beschämt zurück. Wenn wir uns weigern aufzugeben, wird am Ende der Glaube etwas Gutes in Existenz bringen. Wie auch immer das Ergebnis aussehen mag. Glaube hat Kraft, Autorität und kommt von Gott.

Blicken wir noch einmal auf die hartnäckige Witwe zurück, als Jesus das Gleichnis mit den Worten beschließt: „Werde ich Glauben finden, wenn ich komme?" Wir sind angehalten immer zu beten, ohne den Mut sinken zu lassen (Lukas 18:1-8). Was wäre geschehen, hätte die Witwe nach drei Versuchen aufgegeben?

Deshalb möchte ich dich hier ermutigen: Gib nicht auf, selbst in unmöglichen Situationen, in Umständen oder bei Dingen, die dir über lange Zeit die Kraft rauben und sich nie zu bessern scheinen oder wenn man nichts mehr schönreden kann; auch wenn es aussieht, als wären Gebete unbeantwortet geblieben oder im besten Fall verspätet erhört worden. Wir sind alle dazu aufgerufen, fest im Glauben an Gott zu stehen und nicht im Glauben an die Vernunft. Wir halten unsere Position, bis wir eine Antwort bekommen, wie auch immer sie aussehen mag. Und wie tröstlich, dass Jesus für Petrus gebetet hat, sein Glaube möge nicht aufhören. In gleicher Weise betet Jesus jetzt auch für dich und mich, dass dein und mein Glaube nicht aufhört.

DIE KRAFT DER WORTE

Tod und Leben sind in der Gewalt der Zunge, und wer sie liebt, wird ihre Frucht essen. Sprüche 18:21

Die tiefe Wahrheit dieses uns allen bekannten Verses bekam für mich durch das persönliche Erleben plötzlich eine brisante Bedeutung. Ich habe es ja bereits erzählt: Schon einige Monate vor meinem Herzversagen entwichen negative Worte aus meinem Mund. Ich sagte zu Wencke und Gott in etwa: „Ich bin nicht gut genug und schlecht ausgerüstet für einen Dienst in Gottes Reich. Gott bestraft mich für die Fehler meiner Vergangenheit. Gott sollte mich am besten gleich umbringen." Einmal sagte ich sogar wörtlich: „Sollte ich jemals krank werden, bring mich nicht ins Krankenhaus. Lieber will ich sterben."

Schon während ich diese Worte aussprach, wusste ich, wie dumm und im Kern sogar gefährlich sie waren. Denn im Herzen kannte ich den Vers und wusste auch, dass ich mit diesen Worten dem Feind „Anrechte" gab und ihm damit die Tür öffnete. Folgende Wortstudie zu Matthäus 16:19 stellt dieses geistliche Prinzip klar. Hier erkennen wir, dass unsere Worte konkrete Einladungen bedeuten können. Sie können ermächtigen, befähigen, begrüßen oder verhindern, autorisieren, legalisieren und beglaubigen.

Ich werde dir die Schlüssel des Reiches der Himmel geben; und was immer du auf der Erde binden (verbieten, verhindern, rechtswidrig deklariert) wirst, wird in den Himmeln gebunden sein, und was immer du auf der Erde lösen (freisetzen, umkehren, annullieren) wirst, wird in den Himmeln gelöst sein.

Matthäus 16:19 (Anmerkung des Autors: Ich habe die Erläuterung „fett" markiert, damit man ihre Übersetzung nachvollziehen kann.)

Gemäß Sprüche 18:21 haben unsere Worte sogar Kraft über das Leben und den Tod. Es macht Sinn, diese Passage mit den von Salomo verwendeten hebräischen Worten zu verstehen. Das Wort Kraft ist in einer Form das hebräische Wort *yad* und bedeutet Hand. Die Hand ist eine bekannte Metapher für Kraft. Wir haben im Deutschen die Redensart: „Jemand oder etwas hat mich in der Hand". Damit ist gemeint: Wir werden von jemandem oder von etwas kontrolliert; wir sind in jemandes Besitz, stehen unter der Kontrolle von etwas. In besonderer Weise deutet der Vers an, dass es um ein Mittel zu einem Zweck geht. Ein Mittel, das Wirkung erzielt. Es ist unvermeidbar, dass wir im Positiven wie im Negativen die Konsequenzen und Auswirkungen unserer Worte empfangen. Und zudem bedeutet yad oder „Hand" auch die Übermittlung von etwas, ähnlich wie bei einem Transportmittel. Dabei wird etwas zu einem Ende gebracht und eine bestimmte Wirkung erzielt. Es produziert, hat einen Effekt und führt zu einem Ergebnis. Dieser Vers drückt also auf unmissverständliche Weise aus, dass unsere Worte Kraft haben und Ergebnisse herbeiführen; Tatsachen, die sich in unserem Leben auswirken. Das wiederum meint Salomo mit den Worten: „Wir werden die Früchte unserer Worte essen."

Dieser Vers lehrt uns also, dass unsere Worte etwas befördern. Ich merke es mir am besten, indem ich mir einen Lastwagen oder einen Güterzug vorstelle, der etwas befördert. Das mit Worten Transportierte kann gut oder schlecht sein. So, wie ein LKW gute oder schlechte Ware befördern kann. Von unseren Worten kann Segen oder Fluch ausgehen (Jakobus 3:10, Lukas 6:45). Mit unseren Worten haben wir die Möglichkeit oder sogar das Vorrecht, andere und uns selbst aufzubauen, zu stärken und zu ermutigen. Nach dem gleichen Prinzip können wir aber mit Worten auch niederreißen, Schaden anrichten und zerstören. Worte können entweder verletzen und Wunden verursachen, oder Heilung bereitstellen, Leben bringen und aufrichten (Sprüche 12:18, Sprüche 16:24).

Da ist ein Schwätzer, dessen Worte sind Schwertstiche; aber die Zunge der Weisen ist Heilung. Sprüche 12:18

Eine weitere Bibelstelle von großer Wichtigkeit ist Sprüche 21:23 (Elberfelder Übersetzung):

Wer seinen Mund und seine Zunge bewahrt, bewahrt seine Seele vor Nöten.

Hier steckt im hebräischen Wortursprung der Begriff „Ärger" *tsarah*, in dem wiederum Gebrechen, Leiden, Not, Unglück, Qual, Pein und Verzweiflung beinhaltet sind. Dieses Nomen entstammt einem hebräischen Adjektiv *tsar*, das dieselbe Bedeutung hat. Es ist dadurch definiert, dass es sich dabei um einen Gegner oder Feind handelt. Das beiden nahestehende Verb *tsarar* bedeutet binden, unterdrücken, plagen, belasten und bedrängen. Erinnern wir uns: Satan wird in der Bibel als unser Feind beschrieben. Er hat die Absicht zu töten, zu stehlen und zu zerstören. Wir lernen somit aus dieser und weiteren Bibelstellen, dass falsche Wörter den Feind zum Handeln beauftragen und bevollmächtigen können. Mit ihnen kann er Zutritt, Macht und Autorität in unserem Leben bekommen.

Seid nüchtern, wacht! Euer Widersacher, der Teufel, geht umher wie ein brüllender Löwe und sucht, wen er verschlingen kann.

1. Petrus 5:8

Sich dies zu verinnerlichen ist für Söhne und Töchter Gottes von außerordentlicher Wichtigkeit. Besonders wenn wir uns die in einer Übereinkunft liegende Kraft anschauen. Bis zum heutigen Tag, das sind knapp drei Jahre nach dem Vorfall, fordere ich mich auf, im Hinblick auf meine körperlichen Symptome das Wort Gottes laut auszusprechen. Oft sage ich „nein" zu den Symptomen, die mir vor einem angeblich kurz bevorstehenden Rückfall Angst zu machen versuchen. Aus eigener Erfahrung kann ich sagen, wenn ich innerlich auf negative Symptome eingehe, flacht auch meine körperliche

Kraft ab. Stehe ich innerlich auf und sage hingegen „nein" und spreche Gottes Wort laut über die Situation aus, werden die Ängste weniger. Damit schlage ich auf keinen Fall vor, einen echten und schlimmen gesundheitlichen Vorfall zu ignorieren. Die Unwissenheit um die Ernsthaftigkeit meines Zustands und das Hinauszögern hat ja unter anderem bei mir dazu geführt, dass das Herz so schwach wurde. Ich habe aber beobachtet, dass Satan jede Gelegenheit nutzt, um uns innerlich schwach zu halten und in Hoffnungslosigkeit und Angst zu versetzen. In meinem Fall nutzt er alles, was er finden kann: Wetterwechsel, Wetterfühligkeit, negative Nebenwirkungen der Medikamente, meine Stimmungslage. Das sind insbesondere Dinge, die mich krank und schwach fühlen lassen, um Furcht in meinen Geist zu bringen. Das teuflische Ziel ist meine Zustimmung, dass ich krank und schwach sei, statt meine Bekräftigung der Wahrheit, dass ich in Jesu Wunden geheilt bin.

WEM STIMMST DU ZU?

Mögen zwei miteinander wandeln, sie seien denn eins miteinander. Amos 3:3

Dieselben Attribute, die man der Zunge gemäß Sprüche 18:21 zuschreibt, lassen sich interessanterweise auch auf das Herz anwenden.

Mehr als alles, was man sonst bewahrt, behüte dein Herz! Denn in ihm entspringt die Quelle des Lebens (aus ihm fließt das Leben).
Sprüche 4:23 (Elberfelder Übersetzung)

Vielleicht erinnerst du dich, dass mir der Herr während meines lebensbedrohlichen Gesundheitszustandes eine bestimmte Anweisung gab. Er legte mir nahe, nicht zu diskutieren und insbesondere nicht auf Worte und Meinungen derer hören, die neben Mitgefühl zu viel Mitleid ausdrücken. Auf was wir hören und wem wir zuhören, ist von genauso großer Wichtigkeit wie Worte, die wir selbst aussprechen. Auch was wir mit unseren Ohren hören, erhält Zutritt zu unserem Herzen und formt unsere Glaubensgrundsätze (Römer 10:17). Was wir Zutritt zu unserem Herzen gewähren, werden wir früher oder später glauben. Und was wir glauben und für wahr halten, sprechen wir aus (Lukas 6:45).

Sind wir mit etwas übereingekommen, gewähren wir ihm Raum und auch die Möglichkeit zu wirken. Wem oder was wir innerlich zustimmen, räumen wir Autorität ein, die dann auch Ausdruck findet. In meinem Fall konnten wir in dieser Phase nicht einmal der leisesten Stimme des Zweifels Raum in unseren Gedanken und in unseren Herzen zugestehen. Und wir wissen von ähnlichen Fällen im Bekanntenkreis, bei denen es für Schwerkranke ganz ähnlich war. Auch sie haben darauf achtgegeben, sich nicht mit aufkommendem Zweifel, sondern mit Mut und Glauben eins zu machen.

Während dieser Zeit war ich mehrmals tot und wir lernten in diesen Wochen, eine dauerhafte Übereinkunft mit dem Wort Gottes anzustreben und die Hand im Glauben auszustrecken. Ebenso hielt sich die blutflüssige Frau am Wort Gottes fest. Sie wusste, der Messias würde mit Heilung unter Seinen Flügeln kommen (Matthäus 9:20-21; Maleachi 3:20).

Nach dieser Erläuterung des biblischen Prinzips möchte ich noch etwas darüber berichten, was ich kurz vor dem Ende meines Aufenthalts auf der Intensivstation erlebt habe. Das mag für den einen oder anderen Leser schwer zu glauben oder zu fassen sein. Aber dieses Risiko gehe ich ein, weil es das Obige noch weiter veranschaulicht.

11

Das Flügelwesen

Zieht an die Waffenrüstung Gottes, damit ihr bestehen könnt gegen die listigen Anschläge des Teufels. Denn wir haben nicht mit Fleisch und Blut zu kämpfen, sondern mit Mächtigen und Gewaltigen, mit den Herren der Welt, die über diese Finsternis herrschen, mit den bösen Geistern unter dem Himmel. Epheser 6:11-12 (Luther)

Irgendwann war es so weit. Meine Tage auf der Intensivstation neigten sich dem Ende. Ich war froh, den nächsten Schritt in Richtung „nach Hause" gehen zu können. Plötzlich hatte ich das Gefühl, etwas sehr Schweres sitze auf meinen Brustkorb. Und fast gleichzeitig spürte ich eine noch nie in meinem Leben empfundene Angst. Es war nicht die normale, bekannte Angst, sondern eine Gegenwart, die versuchte, meinen Atem zu stehlen. Schnell kam ich zu der Überzeugung, hierbei müsse es sich um einen „Geist der Furcht" handeln. Er wollte mich in seinen Bann ziehen, damit ich mich mit dieser ekligen Furcht eins machte, die ich in diesem Moment am ganzen Körper wahrnahm. Und dann hörte ich den Herrn sagen: „Weise ihn zurecht! Übe deine Autorität über ihn im Namen Jesu aus. Befiehl ihm im Namen Jesu von dir zu gehen und den Raum zu verlassen."

Und genau das tat ich. Und während ich noch diese Worte aussprach, nahm ich tatsächlich eine Figur wahr, die wie ein aus schwarzem Rauch bestehender Drache aussah, und sofort zur Tür hinausflog. Nur wenige Minuten später sah ich, wie ein Mann in seinem Bett an meiner Zimmertür vorbei gerollt wurde. Ich erblickte nur die Füße, der Kopf war mit einem weißen Tuch abgedeckt. Er war tot. Ich betete anhaltend weiter und spürte den Herrn sagen, dass dieser böse Geist kam, um die Seele jenes Mannes zu holen. Der Geist wollte auch mir das Leben nehmen. Es hätte ihm gelingen können, hätte ich mich mit der Angst eins gemacht. Sobald diese böse Gegenwart den Raum verlassen hatte, konnte ich wieder normal atmen und mein Frieden kehrte wieder zurück.

Lieber Leser: Wir müssen unbedingt die große Kraft begreifen, die in der Übereinkunft mit dem liegt, womit wir uns eins machen. Dies bedeutet Einheit, Kraft, Akzeptanz einer Meinung, Einheit in Plänen; es bestimmt, wohin die Reise geht. Es ist dein ausgesprochenes „Ja" zu etwas. Stimme mit dem Herrn und dem Wort Gottes überein und erlebe selbst, wie Seine Kraft in deinem Leben freigesetzt wird.

Abschließend möchte ich hier noch einige Bibelstellen teilen. Es sind Beispiele dafür, was ich in meiner aktuellen Situation proklamiere und ausspreche. Es sind Worte Gottes, mit denen ich ganz bewusst eine innere Übereinkunft getroffen habe und mit denen ich mich eins machen will. Ein Tipp: Du kannst auch gern deinen Vornamen beim Aussprechen der Bibelworte entsprechend einsetzen.

... er sandte Sein Wort und machte sie gesund – und errettete sie, dass sie nicht starben. Psalm 107:20 (Luther)

Lobe Gott, der da vergibt alle deine Sünde und der da heilt alle deine Krankheiten. nach Psalm 103:3

Ich werde nicht sterben, sondern leben und des HERRN Werke verkündigen. Psalm 118:17 (Luther)

... der unsere Sünden mit seinem Leib auf das Holz des Kreuzes getragen, damit wir tot seien für die Sünden und für die Gerechtigkeit leben. Durch seine Wunden seid ihr geheilt. 1. Petrus 2:24 (Luther)

FURCHT HAT ZWEI SEITEN

Fürchte dich nicht, glaube nur. Markus 5:36 (Luther)

Furcht ist, per Definition, eine Münze mit zwei Seiten. Auf der einen Seite kann Furcht Ehre, Anerkennung und Lobpreis sowie Gehorsam gegenüber Gott und Seinem Wort bedeuten. Auf der anderen Seite steht Furcht für Terror, Schrecken, Panik, Befürchtung und Angst. Eine solche Furcht geht immer davon aus, dass etwas Schlimmes eintrifft. Das griechische Wort *phobos* beschreibt die Furcht, die eine Person veranlasst, sich abzusondern, zurückzuziehen, in Panik zu verfallen und zu flüchten. Diese kann aus einem Gefühl der Unzulänglichkeit heraus entstehen.

Und sie hörten Gott den HERRN, wie er im Garten ging, als der Tag kühl geworden war. Und Adam versteckte sich mit seiner Frau vor dem Angesicht Gottes des HERRN zwischen den Bäumen im Garten. Und Gott der HERR rief Adam und sprach zu ihm: Wo bist du? Und er sprach: Ich hörte dich im Garten und *fürchtete mich*; denn ich bin nackt, darum versteckte ich mich. 1. Mose 3:8-10 (Luther)

Das Abgrenzen, das Verstecken vor Gott, der die Liebe ist, brachte Furcht in die Welt. Die Bibel macht aber auch deutlich, dass Gottes Gegenwart die heilsame Antwort auf Furcht ist. Gottes Gegenwart nimmt die Furcht fort.

Gott ist unsre Zuversicht und Stärke, eine Hilfe in den großen Nöten, die uns getroffen haben. Darum fürchten wir uns nicht, wenngleich die Welt unterginge und die Berge mitten ins Meer sänken. Psalm 46:2-3 (Luther)

101

> **Furcht ist nicht in der Liebe, sondern die vollkommene Liebe treibt die Furcht aus.** Denn die Furcht rechnet mit Strafe; wer sich aber fürchtet, der ist nicht vollkommen in der Liebe.
>
> 1. Johannes 4:18 (Luther)

Da ist keine *Furcht* in der Liebe: kein Schrecken, Alarm, kein trügerisches Angebot zum Rückzug, kein Gefühl der Unzulänglichkeit, sondern die perfekte Liebe treibt die Furcht aus. Eine solche Furcht trägt immer auch Qual und Pein in sich. Wer sich in diesem Sinne fürchtet, stellt sich somit zur Furcht, hat Angst vor der Angst, ein Erschrecken vor dem Bösen, Sorge vor Strafe, vor Schaden und Verletzung. Ein solcher Mensch ist noch nicht vollkommen in und von der Liebe.

Das Wort Qual bezieht sich hier im Kontext von 1. Johannes 4:18 auf Strafe und Bestrafung. Es kann auch schweres körperliches oder psychisches Leiden bedeuten. Furcht ist die Kraft, mit der Satan sein Königreich regiert, leitet und voranbringt (Epheser 6:12; Apostelgeschichte 26:18; Kolosser 1:13). Die Absicht dieser Furcht ist Qual (1. Johannes 4:18).

Gott ist Liebe. Die Liebe treibt die Furcht aus. Jesu Gegenwart vertreibt buchstäblich die Angst. Gemäß 1. Johannes 4:18 kann sich die Gegenwart der Furcht nicht halten, wenn die Gegenwart Gottes erscheint. Denn Gottes Gegenwart ist die pure Liebe.

Wenn wir darüber nachdenken, was es konkret bedeutet, im Glauben oder in Angst und Furcht zu leben, fällt die Übereinstimmung der Voraussetzungen auf. Beides funktioniert durch Zustimmung und Einigkeit.

Was sollte man also praktisch tun, wenn man mit einer schmerzhaften, schlimmen und dramatischen Nachricht konfrontiert ist? Wir weigern uns nicht, den Fakten ins Auge zu schauen. Doch die Herausforderung besteht in Folgendem: Rufen wir in dieser Situation zuerst zu Jesus und stimmen Seinem Wort zu der jeweiligen Situation und Frage zu, oder versinken wir innerlich in Angst und stimmen den schwierigen Umständen zu. Denn im Leben gibt es Tatsachen, Lügen und die Wahrheit. Fakten und Lügen können sich mit der Zeit wandeln. Gottes Wort ist die Wahrheit und wird sich nie ändern.

Der Hirtenjunge David leugnete nicht, dass Goliat ein Riese und menschlich gesehen nicht zu besiegen war. Somit war klar, nicht viele, wenn überhaupt einer der Soldaten des Königs würde sich freiwillig einem solchen Feind im Zweikampf entgegenstellen. David wusste aber auch, Sein Gott ist größer als jedes Seiner Geschöpfe und größer als jeder Feind

Mit freundlicher Genehmigung von Don al Dente.

und jedes Problem. David war sich seiner Verbindung zu Gott bewusst, kannte den, der hinter ihm stand und rechnete mit Seiner Hilfe. Das Angebot, sich zu fürchten bestand. Doch David gab diesem in seinem Herzen keinen Raum und lief im Vertrauen auf Gott dem Feind entgegen. Wir alle wissen, wie die Geschichte ausging.

12

Herzenszustand

For as he thinketh in his heart, so is he:
Sprüche 23:7 (King James Version)

Als gebürtiger Amerikaner ist mir diese Version sehr nahe.
Die direkte Übersetzung ins Deutsche lautet:

Wie ein Mensch in seinem Herzen denkt, so ist er.
Sprüche 23:7 (übersetzt von der King James Version)

DEIN HERZ IST DAS ECHTE DU

Mittlerweile ist es gut dokumentiert: Wem ein Herz von
einer anderen Person transplantiert wurde, kann im Anschluss
Merkmale aufweisen, die er vor der Transplantation nicht
hatte und von dieser Person stammen. Das kann sogar Erinnerungen und Träume umfassen, bis zu Traumata. In einigen
Fällen konnten sogar Kriminalfälle mithilfe der Person aufge-
klärt werden, die mit dem Herzen eines durch Gewalteinfluss
gestorbenen Menschen weiterlebte. Die Person trug bestimmte
Erinnerungen buchstäblich im Herzen, die zur Klärung des
Delikts führten. Und doch ist die Person, die das Herz eines
anderen in sich trägt, natürlich nicht die Person, von der das
Herz stammt. Gemäß Sprüche 27:19 offenbart das Herz die
Person, die das Herz in sich trägt. Hat beispielsweise eine
Person ein fröhliches Herz, dann wird sie auch nach außen als
fröhliche Person wahrgenommen. Und eine bittere Person wird

auch nach außen immer von der Bitterkeit weitergeben, die in ihrem Herzen ist. Jesus sagt, „vom Überfluss des Herzens redet unser Mund". Unsere Worte geben also preis, was in unserem Herzen wohnt. Beim Blick auf das Herz, müssen wir auch den Zusammenhang beachten, der zwischen dem Herz des Körpers und dem „inneren Menschen" besteht.

Bei näherer Betrachtung des natürlichen Herzens können wir viel über den inneren Menschen, über unser „metaphorisches Herz" und unser wahres Sein verstehen. Aus biblischer Sicht ist klar definiert, das Herz spricht von unserem Innersten, von unserer Seele, unserer Gedankenwelt, unserem Willen und unseren Gefühlen. In jeder Kultur wird das Wort „Herz" gebraucht, wenn man von der eigentlichen Person spricht. Es umfasst Intellekt, Willen, Wünsche, Herzenssehnsüchte, Bedürfnisse, Gedanken, Absichten, Entscheidungsgrundlagen, Gefühle und Vorlieben. Unser Herz macht unsere Person und unsere Persönlichkeit aus, wer wir eigentlich sind. Und beachten wir dabei immer: Unser Wille und unsere Vorlieben beeinflussen auch unsere Taten.

DAS DENKENDE HERZ

Gemäß Sprüche 23:7 denkt das Herz. Das Wort „denken" ist im Hebräischen „*shaar*" und bedeutet etwas ausarbeiten, kalkulieren, Schlüsse ziehen und Meinungen formen. Es deutet auch darauf hin, wie wir etwas verstehen und auffassen. Aus diesem Verb entstammt das hebräische Substantiv „*shaar*", das so viel wie Tor bedeutet. Abgesehen von Jesus war König Salomo der weiseste Mann, der jemals lebte. Er sagte, das Herz sei eine Tür; ein Zugang, der laut Sprüche 4:23 „mit allem Fleiß bewacht und beschützt werden sollte, weil daraus das Leben fließt." Somit ist das Herz der Ursprung von dem eigentlichen, wahren

Ich. Was dazu Zutritt hat oder in ihm bleibt, lenkt unser Leben. Das denkende Herz spricht auch von Folgendem: Was du dein Herz glauben lässt, wem du die Tür deines Herzens öffnest, beeinflusst dein Leben, deine Zukunft und deine Bestimmung.

SICH ETWAS ZU HERZEN NEHMEN

Vielleicht gibt es sogar in jeder Kultur und in jedem Sprachgebrauch den Begriff „sich etwas zu Herzen nehmen". Beim Gleichnis von den Ackerböden lehrte Jesus, wie enorm wichtig die Gegebenheiten unseres Herzensbodens sind. Nicht nur dafür, wie wir etwas hören, verstehen und darauf reagieren, sondern auch für unser Leben generell. Die in unserem Herzen herrschenden Bedingungen bestimmen unsere Gefühlswelt, unsere Taten und Entscheidungen; dazu gehört, wie wir uns in der Vergangenheit entschieden haben und jetzt entscheiden. Und es wird automatisch Auswirkungen auf die Zukunft eines jeden Menschen haben. Warum ist das wichtig? Die Medizin hat herausgefunden, was mit dem metaphorischen Herzen, also dem inneren Menschen, geschieht, hat Auswirkungen auf das natürliche Herz und den ganzen menschlichen Körper (siehe 1. Samuel 25:36-38; Lukas 21:26[3]).

Für mich wurde dieser Zusammenhang im Juli 2020 überaus greifbar. Da erlebte ich die hier mitgeteilten Dinge. Doch die eigentliche Geschichte begann ja bereits Monate vor diesem kritischen Zustand. Bereits damals hatte mich der Herr auf folgende Wahrheit aufmerksam gemacht:

Nimm auch nicht zu Herzen alles, was man sagt ...

Prediger 7:21 (Luther)

---

3   Das griechische Wort für „verschmachten" impliziert das Herz.

DAS UNBEWACHTE HERZ

Schon Monate zuvor hatte mich der Herr gewarnt, mir nicht die Worte, Meinungen, Ablehnungen und Verletzungen durch andere Menschen zu Herzen zu nehmen. Er wollte mir helfen, damit diese Dinge mein Herz nicht in Beschlag nehmen. Er riet mir: „Lass das Negative los. Vergib. Vergiss. Gib es mir." Leider setzte ich Seinen Ratschlag in diesen Tagen nicht um. Mein Festhalten an Ärger, Frust und Ablehnung führten zu einem verwundeten und harten Herzen.

Wenige Tage nach der Feststellung meines massiven Herzinfarkts wurde mir auf der Intensivstation mitgeteilt, der Infarkt habe mein Herz in eine Ansammlung von Narbengewebe verwandelt. Daraufhin offenbarte mir der Herr, mein Herz sei schon Monate zuvor gestorben, also, bevor es spürbar starb. Er sagte: „Mike: Your heart died long before your heart died." (übersetzt: „Mike, dein Herz ist schon lange gestorben, bevor es gestorben ist.") Gottes Wortspiel kam mir in dem Moment in keiner Weise rätselhaft oder komisch vor. Ich meine fast sagen zu können, es war keine neue Offenbarung für mich. Ich konnte sofort verstehen, was Er damit ausdrücken wollte. Es führte dazu, dass ich dem Herzen und meinem Herzenszustand heute und in Zukunft mehr und dringlichere Aufmerksamkeit schenken möchte. Und im Zuge dessen möchte ich noch mehr darüber herausfinden und forschen, was die Bibel über das Herz sagt. Einiges davon teile ich dir hier mit

RÄUME UND VERBORGENE TIEFEN IM INNERN DES HERZENS

Das menschliche Herz hat vier hohle Kammern. Schauen wir uns zwei Bibelstellen an, die sich auf die Kammern eines menschlichen Herzens beziehen. (Im Hebräischen heißt es in dieser Bibelstelle „der innere Mensch" – damit ist metaphorisch das Herz gemeint.)

Der Geist des Menschen ist eine Leuchte des HERRN, durchforschend alle Kammern des Leibes. Sprüche 20:27

... sondern der verborgene Mensch des Herzens ...
1. Petrus 3:4 (Luther)

Auch schon ohne eine konkrete Wortstudie sprechen diese beiden Schriftstellen von dem privaten und intimen, dem geheimen und verborgenen Teil eines Menschen. Es sind die Orte im Inneren, an denen etwas versteckt wird; Geheimnisse, Vergrabenes, im Dunkeln unter Verschluss Gehaltenes und auch solches, dem wir mit unseren bewussten Gedanken vielleicht nie auf die Spur kommen könnten. Aber unser Unterbewusstsein ist sich dieser Dinge sehr wohl bewusst. Wie wir später noch sehen werden, brauchen wir für manches den Heiligen Geist. Er offenbart Konkretes, damit sich die Heilung und Reinigung des Herzens vollziehen kann. Wir müssen nicht jedes verborgene Detail in uns und in anderen ergründen wollen. Wir können den Heiligen Geist um Rat fragen, uns zu zeigen, was an die Oberfläche gehört, um damit umgehen zu können. Letztendlich soll es nicht länger einen negativen Einfluss auf unsere Gefühle, auf unser Leben, Verhalten und unsere Zukunft ausüben können.

DER SCHATZ DES HERZENS
– DAS ÜBERFLIESSENDE HERZ

Gemäß Matthäus 12:35 und auch in Lukas 6:45 lesen wir, der Mund spricht aus, was sich im Herzen befindet. Es schafft sich Raum, macht sich Luft durch unsere Worte, Einstellungen, Verhaltensweisen, es findet immer einen Ausdruck.

Der gute Mensch bringt aus dem guten Schatz seines Herzens das Gute hervor, und der Böse bringt aus dem bösen das Böse hervor; denn aus der Fülle des Herzens redet sein Mund. Lukas 6:45

Das Herz hat also einen Schatz, oder vielleicht besser eine Schatzkammer, einen Tresor, einen Aufbewahrungsort, ein Lager. Hier wird Wertvolles eingeschlossen. In unserem Zusammenhang spreche ich von Gedanken und Absichten, die im Herzen eingeschlossen sind. Wie bei einem Schatz, so ist auch dein Herz der Ort, an dem du etwas versteckst und in Sicherheit bringst. Diese Dinge machen dein Leben wirklich aus. Dein Herz ist auch ein Archiv. Hier lagern die Gedanken, Gefühle und Absichten; ganz losgelöst von den daraus folgenden Ergebnissen. In alttestamentlichen Zeiten wurden in der Schatzkammer des Königs alle geschichtlichen Aufzeichnungen, Dokumentationen, Gesetze, Beschlüsse und das Staatsarchiv aufbewahrt (siehe Esra 5:17). Auch in unserem Herzen werden Beschlüsse, Festlegungen und Eide aufbewahrt und werden sie gebraucht, bringt man diese zum Vorschein.

Aus der Fülle des Herzens redet der Mund ...

Was steckt im Wort „Fülle"? Es ist das Erfüllende, und noch mehr, das Überfließende. Daran hat man großen Spaß und Freude, weil man es von Herzen gern hat. Diese starke Definition finden wir auch in Sprüche 14:10 (Züricher Übersetzung):

Das Herz kennt seine eigene Bitterkeit.

Bitterkeit, Leid und Kummer können sich im Herzen festsetzen. Bitterkeit ist sehr gefährlich. Es wird nicht nur die

Person mit dem bitteren Herzen vergiften, sondern auch zu einer Wurzel heranwachsen, die sich zu anderen hin ausbreitet. Diese Wurzel hat das Potenzial, auch andere zu vergiften. Traurigerweise rechtfertigen wir alle nur zu oft unseren Ärger und unseren Kummer und finden folglich Entschuldigungen für unser schlechtes Benehmen und unsere negativen Gefühle.

IM HERZEN EINGESPERRT

Das Herz ist nicht nur eine Schatzkammer, in der wir etwas einschließen können. Eine tiefgreifende Wortstudie vom „Hohelied Salomo" zeigt, dass das Herz auch auf eine „Gefängniszelle" hinweisen kann. Spricht Jesus davon, an die Herzenstür Seiner Braut, Seiner Gemeinde anzuklopfen, sagt die Braut anschließend: „Mein Geliebter steckt seine Hand durch das Riegelloch." Das Wort Riegelloch wird in anderem Zusammenhang gebraucht um ein Loch, eine Höhle oder eine Gefängniszelle zu beschreiben. In übertragener Form und im Zusammenhang wird hier von einem „Loch des menschlichen Herzens" gesprochen (ein Loch in der Seele der Braut, in ihrer Gefühlswelt). Eine Leere, eine Wunde im Herzen ihrer Seele und Gefühle, die sie gefangen hält. Sie wird von vergangenen traumatischen Erlebnissen gebunden. Jesus liebt die Braut und hat das große Verlangen, sie zu berühren, zu erfüllen, zu heilen und freizumachen. Jesus kann reinigen und heilen. Das Lamm Gottes hat alle unsere Bitterkeit getragen. Und Er wünscht sich nichts mehr, als unsere Erlaubnis, alles Ihm zu überlassen, was uns gefangen hält. Wir können uns nur Ihm hingeben.

WIE IST DEINE HERZENSVERFASSUNG?

Mit meinem Zeugnis und Erfahrungsbericht möchte ich hervorheben, dass ein hartes und verletztes Herz kontraproduktiv, wenn nicht sogar komplett zerstörerisch ist. Und das betrifft sowohl das Herz als Organ als auch den inneren Menschen. Um es zu verdeutlichen: Es ist sowohl gefährlich als auch dumm, dem Herrn nicht die Erlaubnis zu geben, unsere Herzenseinstellungen und damit unseren Herzensboden zu verändern. Das erfolgt aber nur, wenn wir Ihm dies vertrauensvoll erlauben.

Außerdem ist es unsere Aufgabe, gewissenhaft auf unser Herz zu achten. Denn was wir in unser Herz aufnehmen, schlägt Wurzeln, breitet sich aus, bis es überfließt. Genauso wird alles, was wir in unseren Herzen nicht pflegen, füttern oder wässern, zwangsläufig verdorren und anschließend verschwinden. Das betrifft sowohl Gutes wie Böses; Wahrheiten und Lügen. Wir treffen die Wahl, welchen Dingen wir Zutritt in unsere Gedanken und in unser Herz gewähren. Dabei können wir uns sicher sein, dass wir aus Gottes Wort, Seinem Heiligen Geist und Seinem Königreich alles empfangen, was wir brauchen, um in der Lage zu sein, die Macht der Dunkelheit zu besiegen. So kann unser Herz zum Besseren verwandelt werden und beschützt und bewahrt bleiben.

NUR GOTT KANN DAS HERZ HEILEN
MÖGE DIE HEILUNG BEGINNEN!

Im Hohelied der Liebe, Kapitel 5:4-5 lesen wir diese Worte der Braut:

Ich stand auf und öffnete meinem Bräutigam. Und meine Hände tropften von flüssiger Myrrhe von dem Türriegel.

Myrrhe kann in der Bibel sowohl *bitter* wie *Bitterkeit* bedeuten. Interessanterweise wird Myrrhe seit Jahrhunderten in der Medizin für Heilungszwecke und vor allem zur Schmerzlinderung eingesetzt. Als Jesus für dich und mich am Kreuz hing, wurde Ihm mit Myrrhe gemischter Wein angeboten, um die quälenden Schmerzen erträglicher zu machen. Im Markus-Evangelium steht, dass Jesus diese Gabe ablehnte. Er wollte an unserer Stelle allen Schmerz und alles Leid auf sich nehmen und tragen. Ich lege diese Stelle im Hohelied wie folgt aus: Die Myrrhe an den Händen der Braut steht dafür, dass Jesus die Bitterkeit, das Leid und den Kummer ihres Herzens fortgenommen und sie dadurch freigemacht hat. Jesus kann und will unsere Herzen heilen. Er ist in der Lage, selbst gebrochene Herzen zu heilen. Der Weg zu einem geheilten Herzen beginnt mit dem Öffnen des Herzens und dem Gehen aller erforderlichen Schritte. So wird unser Herz zunächst geleert und frei von Traumata, Unversöhnlichkeit und Bitterkeit. Danach kann es vom Herrn mit Leben, Liebe und Freiheit neu gefüllt werden.

DIE HEILUNG BEGINNT
MIT EINEM OFFENEN HERZEN

Eines der besten Beispiele für ein offenes Herz steht in 1. Samuel, Kapitel 1. Hier lesen wir von Hanna und ihrer Rivalin. Uns begegnen Eifersucht, Ärger, Bitterkeit, und Vorwürfe. Wir erfahren von trotzigem Verhalten, Feindseligkeit und Elend und finden Spott, Beleidigungen, Anschuldigungen und extremen Ärger. Doch dann schüttet Hanna dem Herrn ihr ganzes Leid, ihren Ärger und ihr Elend aus, das sich im Herzen festgesetzt hatte. Schon während sie spricht, beginnt die Heilung. Als sie geheilt ist, ist ihr Herz von Freude erfüllt. Und nicht mehr länger können die Gemeinheiten und Anschuldigungen der anderen sie quälen.

Ein offenes Herz vor dem Herrn bedeutet, nicht länger Angst davor zu haben, die innersten Gefühle, die tiefsten Geheimnisse, Sünden, Befürchtungen, Ärger, Ängste, Verletzungen und Schmerzen dem Herrn auszudrücken. Ein offenes Herz lässt den Herrn eintreten. Wir öffnen Ihm die Tür und erlauben, dass Er tröstet, korrigiert, heilt, alles neu und freimacht. Aber wie bei der Braut im Hohelied Salomos müssen wir Ihm Einlass gewähren. Obwohl Jesus ohnehin alles weiß - also auch, wie es um dein und mein Herz bestellt ist - wird Er nur eintreten, wenn wir die Tür zu unserem Herzen öffnen.

Was hindert uns daran, Ihm unser Herz zu öffnen? Ist es Scham, Schuld, Angst, Stolz, Selbstverdammnis? Wenn wir nur wirklich wüssten, wie unendlich groß die Liebe Gottes für uns ist, würden wir zu Ihm in Seine Arme rennen. Wir würden alles bei Ihm ausschütten. Wie ich aus der Vision mit Jesus als dem Lamm lernen durfte, war es nur ein Blick in Seine Augen, und ich erlebte Trost, Frieden und Liebe, wofür ich keine Worte finde. Ich war mir sicher, Sein tiefster Wunsch ist, mich zu bedecken. Diese Begegnung ließ keinen Raum für Zweifel oder gar Angst. Fraglos hatte Er nichts anderes als allein das Beste für mich im Sinn. Alles, das mir Last, Kummer und Schmerzen machte, wollte Er so gern auf sich nehmen. Ich musste nur den Altar verlassen und dies alles Ihm geben. Jesus trägt uns durch alles hindurch. Er wünscht sich sehnlichst, unsere Verwundungen und Schmerzen zu tragen. Dafür müssen wir willens sein, Ihm unsere Herzen zu öffnen und uns Ihm zu unterstellen. Denn dann wird Er unser Herz trösten.

ERLAUBE DEM TRÖSTER EINZUTRETEN

Gottes Geist „Ruach" macht dein Herz neu und haucht deinem Herzen Leben ein (Hesekiel 11:9; 36:26; 37:5). Erlaube dem Heiligen Geist, dem Tröster, dein Herz zu erfüllen.

Apostelgeschichte 13:52 und Römer 15:13 beschreiben ein mit dem Heiligen Geist angefülltes Herz. Dieses Herz ist mit Freude gefüllt. Jesus verspricht uns nicht nur die Erfüllung mit dem Heiligen Geist, sondern die Erfüllung im Überfluss. So kann der Heilige Geist wie lebendiges Wasser aus uns herausfließen.

Damit nicht nur unsere Herzen vollkommen heil und lebendig werden, brauchen wir nicht nur diese Erfüllung mit dem Heiligen Geist, sondern wir sollten auch von dem im Herzen Empfangenen an andere weitergeben. So entsteht ein Fluss. Denn lebendiges Wasser fließt beständig. Was wir anderen weitergeben, kommt wieder in Fülle zu uns zurück. Lenken wir unseren Fokus von uns selbst auf andere, halten wir diesen Fluss lebendig und unser Herz wird unter guten Bedingungen schlagen.

GEBET UND HEILUNG

Bitte den Heiligen Geist mit deinen Worten dein Herz zu ergründen und zu erforschen. Denn Er kennt dein Herz weitaus besser als du. Es ist wichtig, dass du Gott und Seinem Wort erlaubst, die Beschaffenheit deines Herzens aufzudecken.

Öffne dein Herz dem Herrn. Sei ehrlich. Schütte alles bei Ihm aus; deinen Schmerz, deinen Ärger, deine Verletzungen. Was immer du Ihm geben musst. Tu es. Und dann glaube den Worten von David:

Er stellt meine Seele wieder her. Psalm 23:3

Du darfst dir sicher sein: Jesus ist der Einzige, der in Ordnung bringt, heilt, rettet, erfrischt und dein Herz wieder in den Zustand versetzt, wie es dein Schöpfer von jeher gedacht hatte.

Und zuletzt dürfen wir wissen, wir sind durch die Wunden Jesu geheilt. Auch alles Üble wäscht Er fort, selbst das im Innersten des Herzens Verborgene (1. Petrus 2:24; Sprüche 20:30). In Jesus können wir die vollständige Reinigung und Rettung erleben; eine Heilung und Wiederherstellung unserer Herzen.

Fürwahr, er trug unsere Krankheit und lud auf sich unsre Schmerzen. Wir aber hielten ihn für den, der geplagt und von Gott geschlagen und gemartert wäre. Aber er ist um unsrer Missetat willen verwundet und um unsrer Sünde willen zerschlagen. Die Strafe liegt auf ihm, auf dass wir Frieden hätten, und durch seine Wunden sind wir geheilt. Jesaja 53:4-5

Gebet:

Herr, ich komme durch das Blut Jesu vor Dich. Ich gebe Dir die Erlaubnis, zu offenbaren, mein Herz zu heilen und neu zu erfüllen. In Jesu Namen. Amen.

DEKLARATION DER HEILUNG

Im Deutschen kann man das etwas sperrige Wort „Deklaration" auch übersetzen mit: „Manifest", „Bekanntgabe", „Bekenntnis" und „Vereinbarung". Auch diese Worte gefallen mir in diesem Zusammenhang sehr gut.

Hiermit gebe ich dem Leser eine ganz praktische Handlungsanweisung. Mit diesem Bekenntnis kannst du täglich Gottes Wort und Seine Zusagen bekennen, während du deinen ganz persönlichen Heilungsprozess erfährst. Dies ist nur ein Beispiel für eine mögliche Vorgehensweise. Ich ermutige dich, deine Heilungsdeklaration mit Versprechen aus Gottes Wort niederzuschreiben, die zu deiner Situation passen.

DER HERR IST MEIN HEILER

Der Herr ist mein Heiler. In Seinen Wunden bin ich geheilt und neu gemacht. Der Herr sandte Sein Wort und heilte mich. Er befreite mich von aller Zerstörung. Sein Wort vollbrachte und ermöglichte meine Heilung. Wenn ich zum Herrn rufe: „Heile mich Herr, so bin ich geheilt."; dann antwortet Er mir und macht mich heil. Dein Wort, Vater gibt meinem Körper Leben und Gesundheit meinem Fleisch. Jesus, Du bist das Wort Gottes. Du bist das Brot des Lebens, das vom Himmel gesandt wurde. Heilung ist das Brot der Kinder und ich bin ein Kind Gottes. Während ich auf Dich warte, Herr, wird meine Stärke erneuert.

Psalm 107:20; Jesaja 55:11; 2. Mose 15:26; Jeremia 17:14; Jesaja 53:5; 1. Petrus 2:24; Psalm 30:2; Johannes 6:32-59; Markus 7:24-30; Jesaja 40:31

Ich werde nicht sterben, sondern leben und die Werke des Herrn verkündigen. Psalm 118:17

Wie Abraham lebe ich in Hoffnung. Und obwohl aus medizinischer Sicht und menschlicher Erwartung und Erfahrung keine toten Herzzellen nachwachsen können, glaube ich an Gott. Er gibt den Toten Leben und ruft Dinge, die nicht sind, dass sie sind. Er ist mächtig und wird das ausführen, was Sein Wort sagt, und vollenden, was Er angefangen hat.

Ich habe die Wahl. Deshalb investiere ich meinen Glauben nicht in den Bericht, Bereiche meines Herzens seien tot und ohne Hoffnung auf Wiederherstellung. Stattdessen werde ich stark im Glauben und gebe meinem Herrn allein die Ehre.

Denn der Geist Gottes, derselbe Geist, der Jesus von den Toten auferweckt hat, lebt in mir. Jener, der Christus von den Toten auferweckt hat, wird auch neues Leben in mein Herz geben, durch den Geist, der in mir wohnt. Römer 4:17-21; Römer 8:11

Ich empfange Heilung. Ich spreche zu meinem Herzen, zu meinen Nieren, zu meiner Lunge, zur Schilddrüse und allen anderen Organen in mir, dass sie Heilung und Leben von Jesus in Empfang nehmen. Ich rufe aus, dass mein Herz neu und heil ist.

Aber er ist um unsrer Missetat willen verwundet und um unsrer Sünde willen zerschlagen. Die Strafe liegt auf ihm, auf dass wir Frieden hätten, und durch seine Wunden sind wir geheilt. Jesaja 53:5

Damit erfüllt würde, was gesagt ist durch den Propheten Jesaja, der da spricht:»Er hat unsre Schwachheit auf sich genommen, und unsre Krankheiten hat er getragen.« Matthäus 8:17

... der dir alle deine Sünde vergibt und heilet alle deine Gebrechen, der dein Leben vom Verderben erlöst, der dich krönet mit Gnade und Barmherzigkeit. Psalm 103:3-4

Er sandte sein Wort und machte sie gesund und errettete sie, dass sie nicht starben. Psalm 107:20

CALLOUT – ENDE
DER LAZARUS-EFFEKT

Mit dem Menschen Mike Bates erleben wir den „Lazarus-Effekt". Interessanterweise bedeutet Lazarus „Gott hat geholfen". Obwohl meine eigene „Todeserfahrung" in ihrer Dimension nicht an die von Lazarus heranreicht, habe ich doch übernatürliches Auferstehungsleben erfahren. Sehr wahrscheinlich bist du, lieber Leser, liebe Leserin, noch keines natürlichen Todes gestorben. Aber, vielleicht hast du erlebt, dass dein Traum gestorben ist, deine Bestimmung oder auch dass dir dein Auftrag geraubt wurde. Das, wofür Gott dich gemacht hat, ist abgestorben. Und so möchte ich dir hier sagen: Es braucht nur ein Wort des Herrn. Ein Atemzug Seines Heiligen Geistes auf Dir, und diese Träume werden wieder lebendig! Und wenn es geschieht, wird dir und auch anderen klar sein, dass Gott geholfen hat und noch nicht fertig mit dir ist. Nichts ist Gott unmöglich. Er wird Sein Versprechen wahrmachen und ausführen. Jesus ist dafür das beste Beispiel.

DANK ...

Unser Dank gilt unserem Vater im Himmel, der uns unendlich mehr liebt, als wir uns je vorstellen können. Herzlich danken wir unseren Familien, unseren Freunden und Geschwistern, die uns in dieser schwierigen Zeit im Gebet getragen, getröstet, mit uns gehofft und uns mit Rat und Tat zu jeder Tages- und Nachtzeit beigestanden haben. Mitunter haben sogar für uns fremde Glaubensgeschwister für Mike gebetet, als sie von seiner Geschichte hörten. Danke! Eure Gebete sind vor dem Thron Gottes aufgestiegen. Keins ging verloren.

Besonders bedanken möchten wir uns bei allen Kindern, die für Mike gebetet haben.

Wir danken dem medizinischen Fachpersonal, die auf dem Weg der Genesung geholfen haben – und bis heute helfen.

Wir danken allen Betern, die auch jetzt noch treu mit uns an ein Wunder für ein komplett heiles Herz glauben.

Unser besonderer Dank geht an alle Mitarbeiter vom Verlag king2come Rinteln, die uns Vertrauen für dieses Buch entgegengebracht haben.

Mike & Wencke Bates
im Juli 2024

LIEBE LESERIN, LIEBER LESER,

das Buch ist hier zu Ende. Doch Mike Bates ist ein Schatzgräber in der Bibel und liebt es, Wortbedeutungen auf den Grund zu gehen. Sollte der ein oder andere noch Interesse an tiefer gehenden Einsichten zu einigen Symbol-Bedeutungen aus der zuvor beschriebenen Vision haben, empfehlen wir den Nachtrag in den folgenden zwei Kapiteln.

13

Der Altar der Koinonia

Bevor wir uns mit diesem Altar befassen, möchte ich ein paar Bemerkungen zu Altären im Allgemeinen machen. Zunächst müssen wir verstehen, dass es bei einem Altar um das Opfer geht. Mit anderen Worten: Altäre stehen für das Opfer, das auf ihnen dargebracht wird. Ein Opfer ist die Hingabe von etwas Wertvollem, um etwas zu erhalten, das als sehr wichtig oder noch wertvoller angesehen wird. Damit ein Altar für Gott annehmbar ist, muss entsprechend der Bibel das dazugehörige Opfer für Gott annehmbar sein. Es muss nach seinen Bedingungen und im Glauben dargebracht werden. Ein Opfer als Gabe stellt ja die menschliche Not und Gottes barmherzige Fürsorge dar. Das Wichtigste ist das Bedürfnis des Menschen nach Erlösung und die Bereitstellung der Erlösung durch Gott. Halte inne und bedenke das gerade Gesagte im Lichte der Selbstaufopferung Jesu auf dem Altar des Kreuzes. Dieses eine Ereignis beweist uns, dass wir wie jeder andere auf dieser Erde lebende Mensch von Gott als äußerst wichtig und wertvoll angesehen werden. Wir werden von Ihm zutiefst geliebt. Aus diesem Grund dürfen wir niemals unseren Selbstwert oder den Wert eines anderen herabsetzen.

Zweitens stehen Altäre in der Bibel oft für die Gegenwart Gottes. Wir lesen in der Heiligen Schrift aus der Zeit Moses, dass Altäre der Ort waren, an dem sich der Mensch Gott näherte oder in Seine Gegenwart trat (Exodus 20:22-26). Die Heilige Schrift berichtet uns, dass Männer wie Abraham, Isaak und Jakob an dem Ort, an dem Gott ihnen erschien, Altäre errichteten (1. Mose 12:7; 26,24-25; 35:1). An vielen Stellen in der Bibel steht ein Altar für die Gegenwart Gottes (1. Chronik 21:26-28, 22:1). Zum Beispiel stand ein Altar an der Tür der Stiftshütte und des Tempels (2. Mose 40:29; 2. Könige 16:14; 1. Könige 8:64; 2. Chronik 7:7), und natürlich sehen wir einen Altar vor dem Thron Gottes im Himmel (Hesekiel 43, Offenbarung 8;3,5; 9:13; 11:1). Und im Falle des griechischen Wortes *thusiastérion*, das mit Altar übersetzt wird, sehen wir, dass sich der Altar auf den Ort der Begegnung und der Gemeinschaft zwischen Gott und dem wahren Anbeter bezieht. Altäre sind also eine Tür, ein Eingang zu Gottes Gegenwart. Alles in allem spricht ein Altar von einem Ort der Begegnung mit Gott.

Drittens, wenn wir den Weihrauchaltar und Offenbarung 5:8 betrachten, verstehen wir, dass Gebet und Lobpreis Opfer sind, und folglich Altäre. Für den Herrn ist das Gebet so wertvoll, dass Er anordnete, den Weihrauchaltar mit Gold zu überziehen. Ich ermutige dich, befasse dich eingehend mit dem Begriff Gold in der Heiligen Schrift. Denn dann wirst du nie wieder denken, deine Gebete seien unbedeutend. Studiere auch 2. Chronik 20:9 und 1. Korinther 6:16, und du wirst nie wieder befürchten, deine Schreie zu Gott würden nicht gehört und von Ihm anerkannt!

Neben diesen und anderen Aspekten ist es auch wichtig, den Altar als einem Ort der Ermächtigung zu erkennen. Genauer gesagt ist der Altar der Ort, an dem du der von dir dort verehrten Wesenheit die rechtliche Befugnis erteilst, in deinem Leben, in deiner Situation und in deinen Umständen zu wirken. Einfach ausgedrückt: Ob für das Böse oder für Gott, Altäre wurden und werden bis heute benutzt, um Zugang zum Übernatürlichen und dessen Macht zu erlangen.

Aber um auf den Hauptpunkt zu kommen, den ich ansprechen möchte: Altäre sind, oder waren zumindest in früheren Zeiten, mit einem Bund verknüpft, zum Beispiel mit der Ehe. Das Wichtigste ist die Bundesbeziehung zu Gott, die durch das Opfer Jesu ermöglicht wurde. Für uns als Gemeinde gibt es keinen Altar mehr, auf dem wir Blutopfer darbringen, denn Jesus selbst ist das letzte Opfer (Hebräer 9:12-10:22). Er ist das Opfer, das es uns ermöglicht hat, in eine Bundesbeziehung mit Gott zu treten und Gottes Gegenwart zu erfahren. Obwohl dieses Opfer einmal und für immer vollbracht ist und nie mehr wiederholt werden kann, gibt es doch diesen Altar, an dem wir uns an die Segnungen seines Opfers erinnern, sie feiern und aktivieren können. Es ist dieser Altar, von dem uns gesagt wird, dass diejenigen, die der Stiftshütte dienen {die versuchen, Gott durch Tieropfer zu besänftigen oder sich ihm zu nähern}, kein Recht haben, davon zu essen (Hebräer 13:10). Dieser Altar hat viele Namen: Abendmahl, Mahl des Herrn und Tisch des Herrn. Der Tisch bezieht sich natürlich auf Altar, Opfer und Mahl (1. Korinther 10:21; Maleachi 1:7).

Damit dass ihr opfert auf meinem Altar unreines Brot (Speise). So sprecht ihr: „Womit opfern wir dir Unreines?" damit dass ihr sagt: „Des HERRN Tisch ist verachtet." Maleachi 1,7 LUT

Der Tisch des Herrn, an dem wir teilnehmen, ist der Altar, der das Opfer, Jesus, darstellt. Wie wir hier in Maleachi lesen, ist es ein Tisch, der ein Mahl implizit. Das ist genau das, was Jesus über sich selbst sagte, als er dieses Sakrament einführte, das wir bis heute so treffend als Abendmahl bezeichnen.

Jesus hat sich auf dem Altar hingegeben, um sich uns und allen zu schenken, die Ihn annehmen wollen. Jesus ist unser Opfer, unser Altar und unser Mahl (Johannes 6:53-56; Markus 14:22-24; Hebräer 13:10; 1. Korinther 10:16; 11:24-25). Indem wir an diesem „Tisch" teilnehmen, feiern wir Sein Opfer und erinnern uns daran. Nicht nur das, sondern aus dem griechischen Wort *koinónia*, das der Apostel Paulus in 1. Korinther 10:16 verwendet und das zur Beschreibung dieses Sakramentes mit „Gemeinschaft" übersetzt wird, geht hervor, dass es auch die Auswirkungen und beabsichtigten Ergebnisse des Opfers Jesu aktiviert. Beim tiefen Eintauchen in das Wort Koinónia, wirst du den Segen und den Nutzen dieses Mahls erkennen und hoffentlich auch empfangen.

Der gesegnete Kelch, welchen wir segnen, ist der nicht die Gemeinschaft des Blutes Christi? Das Brot, das wir brechen, ist das nicht die Gemeinschaft des Leibes Christi?

1. Korinther 10:16 (Luther-Bibel 1545)

Koinónia bedeutet Partnerschaft, Gemeinsamkeiten, Kontakt, Gemeinschaft, Kommunikation und natürlich Intimität. Koinónia ist und betont die Beziehung. Koinónia spricht von Vereinigung, von Partnern, die eine gemeinsame Tätigkeit ausüben und ein gemeinsames Interesse teilen, von denen, die den gegenseitigen Segen und Nutzen teilen. Im Zusammenhang mit der Ehe spricht sie von einem Bund zwischen einem Mann und einer Frau, die intime Partner sind. Was dem einen gehört, gehört dem anderen. Von Koinónia kommt das Wort Koinónikos. Koinónikos ist wichtig, weil es die Bereitschaft und den Willen ausdrückt, etwas weiterzugeben, den Besitz zu teilen, zu profitieren, Gutes zu tun, frei und reichlich zu geben. Es beinhaltet die Bereitschaft, mitzuteilen und bekannt zu machen, „zu offenbaren".

Dennoch möchte ich deine Aufmerksamkeit auf eine Facette von Koinónia lenken, die von vielen Christen nicht beachtet wird, nämlich auf das äußerst wichtige Wort „Kontakt". Kontakt bedeutet und erfordert per Definition körperliche Berührung, Verbindung, Kommunikation, Nähe und Präsenz. Und, damit wir es nicht vergessen, ein Kontakt ermöglicht eine physische Übertragung von einer Person zur anderen. Ich frage mich, wie sehr wir als Braut Christi es versäumen, all das zu empfangen, was Jesus uns zur Verfügung gestellt hat, nur weil wir die Tiefe der Segnungen und Vorteile unserer Beziehung zu Ihm nicht verstehen. Haben wir vergessen, dass wir an allem teilhaben, was Er ist und hat? Denn wie die Schrift sagt, sind wir Miterben mit Christus (Römer 8:17). Wir sind, wie der Apostel Petrus sagt, Teilhaber an den Dingen, die wir mit Christus gemeinsam haben. Wie Petrus haben wir Anteil an der Herrlichkeit, die offenbart werden soll, und wir haben Anteil an „Seiner" göttlichen Natur (1. Petrus 5:1; 2. Petrus 1:4). All das wird möglich, weil Jesus bereit ist, alles, was Er ist und hat, mit Seiner Braut zu teilen. All das wird durch die Kraft der Koinónia möglich.

Zurück zu dem Tisch. Das Kreuz ist der Ort des Altars, Jesus ist die Person und das Opfer des Altars, durch das wir in Beziehung mit dem Vater und in Seine Gegenwart kommen. Jesus ist der Ort des Kontakts und der Weitergabe. Nimmst du am Tisch des Herrn teil, empfängst du im Glauben das, was du brauchst, von dem, was ER bereitgestellt hat. Dies sehen wir auch in folgenden Bibelstellen:

Wir haben einen Altar, davon nicht Macht (Recht, Erlaubnis) haben zu essen, die der Hütte pflegen. Hebräer 13:10 (Luther-Bibel 1545)

... Welche die Opfer essen, sind die nicht in der Gemeinschaft des Altars? 1. Korinther 10:18b (Luther-Bibel 1545)

Was benötigst du von Jesus. Ist es Seine Gegenwart, Seine heilende Berührung, oder hast du Fragen, die Seine Weisheit und Sein Verständnis erfordern? Das Opfer Jesu hat auch den Preis bezahlt, um uns von Angst, Schuld und Scham zu befreien.

Das erste „Blut"-Opfer brachte Gott selbst im Garten Eden dar. Es diente zur Bedeckung von Adam und Eva und es wies bereits auf das Blut Jesu. Dieses war notwendig, um die Sünde zu sühnen und die Beziehung zum Vater zu versöhnen und wiederherzustellen. Jesu Opfer bedeckt auch deine Angst und Scham.

Auf dem Altar „Jesus" ist der Fürst des Friedens Frieden und Ruhe.

Wir könnten dies so immer weiterführen.

14

Die Bedeutung
von Dornen in der Bibel

Als ich aus dem Krankenhaus zurück war und einige Zeit der Heilung erleben durfte, forschte ich noch weiter in der Bibel über Dornen und Altäre.

Dornen können für das Resultat stehen, wenn man die Kontrolle nicht aufgegeben hat. Das Schlüsselwort: „Kontrolle aufgeben" beinhaltet verlassen, übergeben, verzichten und nichts zurückhalten.

Bei genauerer Betrachtung der Lilie unter den Dornen im Hohelied der Liebe, Kapitel 2:2 wird deutlich, dass Dornen in der Bibel auch von der Ablehnung sprechen, Gott anzubeten. Dornen sind in sich eng und geschlossen, und sie können schon allein deswegen nichts von oben empfangen. Ein Dorn steht für jemanden, der sich selbst zu einem Gott ernannt hat: Rebellisch und mit hartem Herzen. Ein solcher Mensch schützt sich selbst, ist verschlossen, selbsterhaltend, unfähig zu vertrauen und auch deswegen unfähig zu empfangen. Er steht für das Verlangen des Menschen, unabhängig zu sein, seinem eigennützigen Willen zu folgen, der eigenen Lust und der eigenen Anstrengung, sowie allem, was natürlichen Ursprungs ist. Ein Dorn wird da gefunden, wo das „ICH" ganz vorne steht. Ein Dorn steht für jemanden, der alles persönlich nimmt: Sowohl Anerkennung und Lob für Erfolg – als auch Tadel bei Misserfolg.

Satan nutzt solche Dornen, um uns einzuschließen, zu binden, zu begrenzen und den Fluss der Segnungen zu hindern, die vom Königreich Gottes für unser Leben bestimmt sind. Sie sollen uns davon abhalten, Frucht zu bringen. Dornen in der Bibel erwürgen das Wort (Matthäus 12:7) und verhindern Reife (Lukas 8:14).

EINE KRONE AUS DORNEN

Dornen und Schlingen sind auf dem Weg des Verschlagenen; wer sein Leben bewahren will, hält sich fern von ihnen. Sprüche 22:5

Rabbi Jason Sobel sagt dazu in *Aligning with God's appointed times (S.38)*: Gott sprach aus dem brennenden Dornbusch. Und Er sagte folgendes: „Ich sehe deine Schmerzen, Ich sehe das Leid, Ich verstehe und identifiziere mich mit dir. Ich verstehe zutiefst, was du durchgemacht hast.[4]

Jesus hat eine Krone aus Dornen getragen und wir wissen, eine Krone steht für Seine Autorität über den Fluch. Er nahm den Fluch buchstäblich auf Sich selbst. Aber ich glaube, es bedeutet auch, dass Jesus uns frei gemacht hat von verkehrten, verdrehten, falschen, verzerrten und ungöttlichen Gedankengängen und Meinungen. So wie es schon Sprüche 22:24-25 andeutet:

Freunde dich nicht mit einem Zornmütigen an und geh nicht um mit einem Hitzkopf, damit du dir nicht seinen Wandel angewöhnst.

Solche Gedanken äußern sich in Ärger, aufbrausendem Verhalten und rachsüchtigen Vorstellungen, in hartnäckigen oder auch willentlich sturen Gedanken, Einstellungen und Beurteilungen.

---

4   Aligning With God's Appointed Times: Discovering the Prophetic and Spiritual meaning of the Biblical Holidays, Copyright 2020 by Rabbi Jason Sobel - RJS Publishing, North Hollywood, CA. 91601, S. 38

Dank sei dem Herrn! Er hat uns erlöst aus der Schlinge, aus Fallen, die für uns aufgestellt wurden und nach uns greifen wollen durch Netze, Pläne und Lügen des Feindes. Es sind allesamt Dinge, die normalerweise zu Zerstörung und Not führen würden. Dornen und Schlingen sind Bilder für Versuchungen des Feindes. Dämonische Einflüsse, Flüche und allerlei Schwierigkeiten. Diese Dornenkrone Jesu hat all das für uns weggetragen.

EINE HECKE AUS DORNEN ALS VERTEIDIGUNGS-EINRICHTUNG

Eine Hecke soll uns vor fremden Menschen oder anderen negativen Einflüssen, die schaden könnten, beschützen. Wir nutzen Hecken, um Leid zu vermeiden. Dornen stehen dabei für Gebrechen, Not und Leid (2. Kor. 12:7) und für Wunden und Schmerz (Sprüche 26:9). Dornen fungieren als Abwehr-Mechanismen oder auch als Schutz-Vorrichtung. Man findet sie bei verletzten, gekränkten Menschen, die auf Abwehr bedacht sind. Und verletzte Menschen verletzen oft andere zum Beispiel durch giftige, scharfe, sarkastische Worte. Sie setzen Dornen ein, um sich selbst zu schützen und zu verteidigen – und verletzen dabei andere. Damit sie fernbleiben. Auch hier gilt: Jesus hat unseren Platz eingenommen. Er hat alles auf Sich genommen und die Dornenkrone getragen – auch die Auswirkungen der Dornen auf dein Leben, also die Nachwirkungen der verletzenden Taten, die Menschen dir angetan haben (Psalm 69:9, Römer 15:3).

Opfer, Ein Ort zum Opfern
Strong's G2379 thusiastérion   HELPS Word-studies

Der Treffpunkt, der Ort der Vereinigung von Gott und einem wahrhaftigen Lobpreiser. Im übertragenen Sinn: Der Ort der Weihe, an dem der Herr sich mit dem aufrichtigen Gläubigen trifft und verbindet.

thysiastérion („ein heiliger Altar") überall dort vorhanden und aufgerichtet, wo der Gläubige im Jetzt von Gott hört und ausführt, was er gehört hat. Es beschreibt das Leben im und aus Glauben.

thusiastérion G2379 ist abgeleitet von of G2378 thusia; ein Ort des Opfers, opfern.   HELPS Word-studies

Ein Altar ist der Platz, an dem wir die Kraft der Gottheit unseres Gottes anrufen.

Ein Altar ist ein Ort der Zurüstung, der Bevollmächtigung und der Aktivierung. Jemand gibt sich selbst – oder opfert ein Opfer und wird von dem, an den er oder sie opfert ausgerüstet und mit Kraft ausgestattet.

Der Altar ist der Ort, an dem – unabhängig davon, an welches göttliche Wesen man sich wendet – jemand den Weg freimacht und die Tür öffnet, um im eigenen Leben aktiv zu werden. Dazu gehören alle denkbaren Situationen und Lebens-Umstände.

Doch du bist heilig, der du wohnst (unter) den Lobgesängen Israels.   Psalm 22:4 (ELB)

Aber du bist heilig, du thronst über dem Lobpreis Israels.   (EÜ)

Aber du bist heilig, der du thronst über den Lobgesängen Israels.
                                                    (Luther 2017)

Dass Altäre ebenfalls für die Gegenwart Gottes stehen, erkennen wir z.B. auch daran, dass ein Altar direkt vor dem

Thron Gottes steht. Dies lesen wir in Hesekiel 43 und Offenbarung 8:3; 9:13; 11:1.

Wir können und sollen nicht Seinen Platz einnehmen. Wenn wir Seinen Platz auf dem Altar einnehmen, entfernen wir Ihn zugleich vom Thron unseres Lebens.

DAS WESEN EINES THRONS

Das hebräische Wort für „Thron" ist definiert als der Sitz von Respekt. So wie seine griechische Entsprechung spricht es von einer innehabenden und ausübenden

- **Autorität**
- **Kraft**
- **Herrschaft**
- **Gerichtsentscheidung**

Zu einem Thron gehören auch immer ein Königreich und jemand, der sein Königreich aufgerichtet hat und darin herrscht. Wenn ich demnach an einem Platz sitze, an dem ich herrschen möchte, dann hat Jesus nicht den Thron meines Herzens in Besitz. Wenn Jesus auf dem Thron meines Lebens sitzen soll, muss ich zuvor den Opfer-Altar meines Lebens verlassen. Also ist der Altar auch der Ort meines Eigensinns.

Bibliografie

ALIGNING WITH GOD'S APPOINTED TIMES
Discovering the Prophetic and Spiritual meaning of the Biblical Holidays, Copyright 2020 by Rabbi Jason Sobel – RJS Publishing, 5062 Lankershim Blvd. Suite 3017, North Hollywood, CA 91601, USA.

Über den Autor

MIKE BATES

Zwei Dinge kennzeichnen den Dienst von Mike Bates: Seine aufrichtige Liebe zum Wort Gottes und ein zeitintensives Hören auf das, was Gott in die jeweilige Situation sprechen möchte. Ein gründliches Studium des Alten und Neuen Testaments sind Merkmale seiner Predigten und Seminare. Für seinen Dienst wurde er von der *Kingdom Covenant Church* in Lakeforest, Kalifornien, ordiniert.

Besuch gerne meine Webseite, auch für eine Kontaktaufnahme und Predigt-Anfragen:

WWW.MWBATES.COM

▶ YouTube

Aktuelle Impulse von Mike Bates aus dem Wort Gottes findest du auf unserem **YouTube-Kanal.** Scan dafür den QR-Code oder gib folgende Adresse in deinem Browser ein:

WWW.YOUTUBE.DE/@MWBATES

VON ADAM F. THOMPSON

Göttliche Schlüssel zur Deutung von Träumen & Visionen

Lerne die **Sprache der Träume** und **geistlicher Bilder** kennen und finde heraus, wann Gott zu dir spricht. Lass dich unter der Führung des Heiligen Geistes in tiefere Bereiche der **Kommunikation mit Gott** führen. – Dieses Buch bietet folgende Hilfsmittel, um die **Bedeutung von Träumen und Visionen** genauer zu erkennen:

- Einsichten, warum **Träume so wichtig** sind

- **Grundsätze** bei der Auslegung

- eine kritische Betrachtung der **okkulten Traumauslegung**

- **101 Traumbeispiele** samt Deutung

- ein **umfassendes Wörterbuch mit 2.700 Traumelementen**
  (auf zahlreichen Bibelstellen basierend)

- ein Wörterbuch der **Namen und Orte**

Adam F. Thompson bewegt sich im Wort der Erkenntnis und in der Prophetie. Sein internationaler Dienst wird von übernatürlichen Zeichen begleitet. **Adrian Beale** ist ein Bibellehrer mit der Fähigkeit, übernatürliche Offenbarung des Wortes Gottes weiterzugeben. Zudem hat er langjährige Erfahrung als Pastor.

624 Seiten, Softcover, ISBN 978-3-98602-050-7, EUR 27,80

Offene Augen des Herzens
Praktische Schritte zu Erlebnissen im Geist

Mit den Augen des Geistes in den **Raum des Übernatürlichen** zu schauen, gehört zu den größten und intensivsten Erlebnissen, die ein Mensch erfahren kann.

Auf meiner Suche nach mehr Verständnis über diesen Bereich des christlichen Lebens entdeckte ich, wie **jeder** in den Bereich des Geistes gelangen und an **geistlicher Sehkraft zunehmen** kann.

Anhand von **praktischen Schritten** möchte ich Dir zeigen, wie Du Dich in diese wunderbare Gabe hineinbewegen und erleben kannst, was der Vater hier **für Dich bereithält**. Unter anderem spreche ich an:

- **Stille und Fokus** sind **Schlüssel für geistliches Sehen**

- **Training** der geistlichen Sinne

- **Blockaden** für das Sehen und wie man sie entfernt

138 Seiten, Softcover, ISBN 978-3-98602-020-0, EUR 11,80